DE EENVOUDIGE MANIER OM ENGELS TE LEREN

ERIK VISSER

Alle rechten voorbehouden.

Copyright © 2019 door Erik Visser

Geen enkel deel van dit boek mag worden gereproduceerd of verzonden in enige vorm of op enigerlei wijze, elektronisch of mechanisch, met inbegrip van fotokopiëren, opnemen, of via enig systeem voor het opslaan en opzoeken van informatie, Zonder schriftelijke toestemming van de uitgever.

BAD CREATIV3

Deze editie bevat de volledige tekst

van de originele hardcover editie.

GEEN WOORD IS WEGGELATEN

DE EENVOUDIGE MANIER OM ENGELS TE LEREN

Een BadCreative Boek / gepubliceerd door

afspraak met de auteur

BADCREATIVE PUBLICATIEGESCHIEDENIS

The Simple Way To Learn French gepubliceerd maart 2016

The Simple Way To Learn Spanish, gepubliceerd maart 2017

AANSTAANDE WERKEN

De Eenvoudige Manier Om Engels Te Leren 2, 2020

ISBN: 9781081621902

Vol. 1

Vol. 2

ALSO AVAILABLE IN

- AUDIO
- HARDCOVER
- E-BOOK

FORMATS

Voor updates over het volgende boek, of als u wilt dat wij namens u een kop koffie drinken, kunt u ons op de facebookpagina steunen.

www.facebook.com/BadCreativ3

SOCIAL #TheSimplestWay #EngelsLeren #BadCreativ3

INHOUD

Hoofdstuk Een - Basisprincipes
Hoofdstuk Twee - Eten
Hoofdstuk Drie - Dieren
Hoofdstuk Vier - Bezittingen
Hoofdstuk Vijf - Kleding
Hoofdstuk Zes - Vragen
Hoofdstuk Zeven - Werkwoorden
Hoofdstuk Acht - Prepositie
Hoofdstuk Negen - Datums en tijd
Hoofdstuk Tien - Familie
Hoofdstuk Elf - Kleur
Hoofdstuk Twaalf - Beroep
Hoofdstuk Dertien - Maatregelen
Hoofdstuk Veertien - Huishouden
Hoofdstuk Vijftien - Bijvoeglijke naamwoorden
Hoofdstuk Zestien - Determinanten
Hoofdstuk Zeventien - Bijwoorden
Hoofdstuk Achttien - Objecten
Hoofdstuk Negentien - Plaatsen
Hoofdstuk Twintig - Mensen
Hoofdstuk Eenentwintig - Getallen
Contact informatie

VOORWOORD

Op school leren we dingen die we vandaag waarschijnlijk niet gebruiken. Taal is echter essentieel voor bijna elk aspect van de menselijke conditie.

Hoe breidt u uw bedrijf uit buiten uw continent voor meer omzet? Hoe ga je je liefde uitdrukken voor de mooie dame die net voorbij liep? Hoe krijg je de weg naar het Van Gogh museum? Met de kennis van de taal, dat is hoe.

Dit boek bevat een lexicon van enkele van de meest gebruikte woorden in alledaagse Nederlandse conversatie. Het maakt gebruik van de eeuwenoude leertechnieken van herhaling en rote memorization, om de hersenen te conditioneren voor het leren van Nederlands zo snel mogelijk. Daarnaast is een extra functie genaamd story mode opgenomen om de lezer te helpen in een test voor begrip.

Tot slot dient opgemerkt te worden dat, hoewel dit boek zal helpen bij het visueel herkennen en begrijpen van woorden in de Nederlandse taal, studenten ook hun juiste uitspraken moeten begrijpen. Om hierbij te helpen, is er een begeleid [audioboek](#) dat beschikbaar zal worden gesteld, om luisterlessen mogelijk te maken.

En dus, vanuit de prachtige stad Amsterdam, de stad van de handel en alle modieuze dingen, presenteren wij u, [De Eenvoudige Manier Om Engels Te Leren.](#)

HOE DIT BOEK TE GEBRUIKEN

1. Deze lijn is de trainingslijn (of T-Line Als u dat wilt)

TRAININGSTIJD

Het is het einde van een reeks van 25 woorden om te onthouden.

2. U bent verplicht om de rechterkant van het boek te dekken & proberen om de linkerkant te vertalen.

3. Elke correcte vertaling heeft één punt. Woorden na de T-lijn, maar niet tot 25, worden beschouwd als bonussen.

4. Ga niet door naar de volgende totdat u 25 punten hebt gescoord.

5. De story modes zijn ontworpen om je te helpen het gebruik van de woorden in zinnen te begrijpen, dus zorg ervoor dat je hoog scoort op de training, om de verhalen volledig te begrijpen.

Nu je de regels kent, Laten we beginnen.

Hoofdstuk Een

BASISPRINCIPES

Trefwoorden : I, a, he, she, you, the, guy, girl, man, woman.

De	The
Water	Water
Appel	Apple
Jongen	Boy
Meisje	Girl
Man	Man
Een vrouw	A woman
Brood	Bread
Een man	A man
Ik ben een man	I am a man
Ik ben een jongen	I am a boy
De vrouw eet een appel	The woman eats an apple
De jongen eet een appel	The boy eats an apple
Zij is	She is
Hij is een jongen	He is a boy
Ze is een meisje	She is a girl
Ik drink	I drink
Je drinkt	You drink
Ik eet	I eat
Jij eet	You eat
Zij eet	She eats
Ik eet suiker	I eat sugar
Hij drinkt water	He is drinking water
Jij bent een vrouw	You are a woman

TRAININGSTIJD

Vrouw	Women
Het boek	The book
Krant	Newspaper
Ik lees	I read
Ik schrijf	I write
Jij leest	You read
Jij schrijft	You write
Zij leest	She reads
Hij leest	He reads
We schrijven	We write
Wij drinken	We drink
Hij schreef een boek	He wrote a book
Jij drinkt water	You drink water
Wij drinken water	We drink water
Ze is aan het drinken	She is drinking
Hij drinkt water	He is drinking water
Je bent een jongen	You are a boy
Wij zijn kinderen	We are children
Wij zijn mannen	We are men
Wij zijn vrouwen	We are women
We zijn jongens	We are boys
Je bent een man	You are a man
Drinken we melk?	Do we drink milk?
Wij drinken melk	We drink milk
Wij drinken water	We drink water

TRAININGSTIJD

De	The
Ze	They
Wij, zij	We, they
Laat	Late
In de middag	In the afternoon
Hallo daar!	Hello there!
Nederlands	Japanese
Ik zei	I said
Dank u zeer	Thank you very much
Vaarwel	Goodbye
Spreek je Engels?	Can you speak English?
Ik ben James en ik spreek Engels	I am James and I speak English
Ja, vergeef me alsjeblieft	Yes, please forgive me
Ik ben Markus, ik kan Italiaans spreken	I'm Markus, I can speak Italian
Is het een appel?	Is it an apple?
Hij, zij, wij	He, she, we
Zijn het mannen?	Are they men?
Zijn het vrouwen?	Are they women?
Ze zijn mannen	They are men
Zij zijn vrouwen.	They are women.
Ze zijn meisjes	They are girls
Ze lazen	They read
Zij schrijven	They write
Zij zijn vrouwen.	They are women.

TRAININGSTIJD

Dank je	Thank you
Ja	Yes
Hallo daar	Hello there
Vaarwel!	Goodbye!
Goedenavond	Good evening
Goedemorgen	Good morning
Goede nacht	Good night
Vaarwel Salvador	Goodbye Salvador
Goedenavond Georgië	Good evening Georgia
Welterusten Joe	Goodnight Joe
Bedankt Sofia!	Thank you Sofia!
Nee, dank u	No, thank you
Nee sorry	No sorry
Alsjeblieft	Please
Het spijt me	I am sorry
In suiker	In sugar
Ik heb een appel	I have an apple
Ik heb suiker gegeten	I ate sugar
De jongen schreef	The boy wrote
Ze eet suiker	She eats sugar
Ik heb een boek	I have a book
Hij drinkt bier	He is drinking beer
Ik vind je leuk	I like you
Ik hou van vrouwen	I like women
Dank je	Thank you

TRAININGSTIJD

Wij zijn vrouwen	We are women
Ze zijn meisjes	They are girls
Ik heb een sleutel	I have a key
Ze zijn niet goed	They are not good
Ze lazen	They read
Ze houden van ananas	They like pineapples
De jongen eet een appel	The boy eats an apple
Deze persoon heeft deze brief gelezen	This person read this letter

Ik lees deze teksten	I read these texts
Het meisje eet een appel	The girl is eating an apple
Hij las deze woorden	He read these words
Zij schrijft	She is writing
Ze eet aardappels	She eats potatoes
Ze houden van bananen	They like bananas
Zij is erg goed	She is very good
Zij drinken	They drink
Jullie zijn allemaal meisjes	You are all girls
Ik heb een boek geschreven	I wrote a book
U schreef een brief	You wrote a letter
Ik schrijf	I write
Hij schreef een boek	He wrote a book
De jongen schreef een brief	The boy wrote a letter
Ik lees de krant	I read the newspaper
Zij lezen een boek	They read a book
Ze hebben een boek geschreven	They wrote a book

TRAININGSTIJD

Wij lezen	We read
Wij drinken	We drink
Ik ben alleen	I am alone
Jij leest een boek	You read a book
We lezen de krant	We read the newspaper
Hij leest een boek	He reads a book
Anton is een persoon	Anton is a person
Markus schreef dat, Sebastian las het	Markus wrote that, Sebastian read it
Albert leest een boek	Albert reads a book
Goedemorgen, hoe gaat het?	Good morning, how are you?

Ik ben een meisje en ik drink melk	I am a girl and I drink milk
Jij drinkt water	You drink water
Waarom zeg ik dat?	Why do I say that?
We willen geen vijand	We don't want an enemy
Ze vroeg en antwoordde	She asked and answered
Wie wint?	Who wins?
Ik moet om zes uur opstaan	I must get up at six
Dit is een belofte	This is a promise
Ik heb de fles gevuld met water	I filled the bottle with water
We doen dit	We do this
Ik heb het gedaan	I did it
Ik vernam	I heard
Ik mag ze erg graag	I like them very much
Ze helpt ze	She helps them
Mijn broer zoekt naar hen	My brother looks for them

TRAININGSTIJD

VERHAAL MODUS

ENGELS

Ben: "I'm ready to party with the players in Rio de Janeiro. We're leaving tomorrow."

Markus: "Do you have everything you need?"

Ben: "Yes."

Markus: "How long is your trip?"

Ben: "About three to four months."

Markus: "What is in this bag?"

Ben: "Not much, some clothes, water and computers."

Markus: "Have you considered the necessary things for your arrival?"

Ben: "What do you mean?"

Markus: "A place to live, places to eat, places to go."

Ben: "No, not really."

Markus: "If you haven't booked a place yet, you can still stay at the Wharf Palace Hotel. Breakfast is very cheap and includes fresh milk.

For food and drinks, you can visit Acqua, a very nice place in Sao Paulo. They also have a garden where you can sit and drink with men and women

In the evening, you should go to 'Cambery' beach. There is always a group of happy people looking for a good time.

Finally, if you want to buy items, you can visit Ordem Market. It is open on Saturday, but most traders speak Portuguese."

Ben: "No problem, I can read a little Portuguese. I can also learn the language when I arrive."

Markus: "Will your sister go with you?"

Ben: "Yes, we will write a book together."

Markus: "What about your father?"

Ben: "No, he will be able to read newspapers at home."

Markus: "Well, don't forget about us and bring back some souvenirs."

Ben: "Don't worry, I'll send letters to update you."

Markus: "Thank you, I will be very grateful."

1 2 3 4 5 6 7 8 9 10 11 12 13 14 15 16 17 18 19 20 21 22 23 24 25 26 27 28 29 30 31

NEDERLANDS

Ben: "Ik ben klaar om te feesten met de spelers in Rio de Janeiro. We vertrekken morgen."

Markus: "Heb je alles wat je nodig hebt?"

Ben: "Ja."

Markus: "Hoe lang is je reis?"

Ben: "Ongeveer drie tot vier maanden."

Markus: "Wat zit er in deze tas?"

Ben: "Niet veel, sommige kleding, water en computers."

Markus: "Heb je de noodzakelijke dingen voor je komst overwogen?"

Ben: "Wat bedoel je?"

Markus: "Een plek om te wonen, plaatsen om te eten, plaatsen om naartoe te gaan."

Ben: "Nee, niet echt."

Markus: "Als je nog geen plaats hebt geboekt, kun je nog steeds in het Wharf Palace Hotel verblijven. Het ontbijt is erg goedkoop en bevat verse melk.

Voor eten en drinken kun je Acqua bezoeken, een heel mooie plek in Sao Paulo. Ze hebben ook een tuin waar je met mannen en vrouwen kunt zitten en drinken
'S Avonds moet je naar het strand' Cambery 'gaan. Er is altijd een groep gelukkige mensen op zoek naar een goede tijd.

Als u ten slotte artikelen wilt kopen, kunt u Ordem Market bezoeken. Het is open op zaterdag, maar de meeste handelaren spreken Portugees."

Ben: "Geen probleem, ik kan een beetje Portugees lezen. Ik kan de taal ook leren wanneer ik aankom."

Markus: "Gaat je zus met je mee?"

Ben: "Ja, we zullen samen een boek schrijven."

Markus: "Hoe zit het met je vader?"

Ben: "Nee, hij zal thuis kranten kunnen lezen."

Markus: "Vergeet ons niet en breng wat souvenirs mee."

Ben: "Maak je geen zorgen, ik stuur brieven om je te updaten."

Markus: "Dank u, ik zal u zeer dankbaar zijn."

ABCDEFGHIJKLMN
OPQRSTUVWXYZ

Hoofdstuk Twee

ETEN

Trefwoorden: Chocolate, fruit, carrot, food, beer, bottle, coffee, breakfast, cut, eat, cook.

Fruit	**Fruit**
Vork	**Fork**
Honger	**Hunger**
Dieet	**Diet**
Ontbijt	**Breakfast**
Lunch	**Lunch**
Diner	**Dinner**
Fles	**Bottle**
Glas	**Glass**
Boter	**Butter**
Kop	**Cup**
De kom	**The bowl**
Cake	**Cake**
Bier	**Beer**
Kip	**Chicken**
Het ei	**The egg**
Een ei	**An egg**
Drank	**Beverage**
Kaas	**Cheese**
Een wortel	**A carrot**
Saus	**Sauce**
Druif	**Grape**
Knoflook	**Garlic**
Sap	**Juice**
Drinken	**Drink**

TRAININGSTIJD

Vis	Fish
Melk	Milk
Koffie	Coffee
Menu	Menu
De maaltijd	The meal
Bord	Plate
Een banaan	A banana
Ik eet Chocolate	I eat Chocolate
De jongen eet koekjes	The boy eats cookies
Ik eet Chocolate-ijs	I eat Chocolate ice cream
Ik heb lunch	I am having lunch
Ik maak lunch	I make lunch
Het is niet zuur	It is not sour
De jam heeft een zure smaak	The jam has a sour taste
Ik kook vlees	I cook meat
Dit is een keuken	This is a kitchen
Ik dronk een fles	I drank a bottle
Je drinkt melk	You drink milk
Jij drinkt koffie	You drink coffee
Je eet vis	You eat fish
Deze persoon heeft een vork	This person has a fork
Ik eet gebakken kaas	I eat fried cheese
We eten	We eat
We ontbijten	We have breakfast
De chef-kok heeft boter	The chef has butter

TRAININGSTIJD

De vrouw eet vis	The woman eats fish
Ik heb avondeten	I have dinner
De vis is voor het avondeten	The fish is for dinner
Ik eet geen kaas	I do not eat cheese
Ze eten vis	They eat fish
De chef-kok snijdt rundvlees	The chef cuts beef
Ik heb de appel gesneden	I cut the apple
Zij kookt	She cooks
Ik kook vis	I cook fish
De vrouw snijdt wortels	The woman cuts carrots
Ik kook kip	I cook chicken
De room kookt	The cream is boiling
De chocoladeroom kookt	The chocolate cream is boiling
Ananas en bier	Pineapple and beer
Ik snij het brood	I cut the bread
Het eten	The food
Het snoep	The candy
Ik eet fruit	I eat fruit
Hij eet bonen	He eats beans
Citroen	Lemon
Oranje	Orange
Ze heeft een banaan gegeten	She ate a banana
Ik heb een zoete cake gegeten	I ate a sweet cake
Ik eet biefstuk	I eat steak
Ze eten jam	They eat jam

TRAININGSTIJD

Het vlees	The meat
Varkensvlees	Pork
Ui	Onion
Zout	Salt
Suiker	Sugar
Soep	Soup
Spaghetti	Spaghetti
witte rijst	White rice
Restaurant	Restaurant
Belegd broodje	Sandwich
Tomaat	Tomato
Aardappel	Potato
Ik heb aardappelen gekookt	I boiled potatoes
Ik heb jam gegeten	I ate jam
De man drinkt limonade	The man drinks lemonade
De chef-kok kookt varkensvlees	The chef cooks pork
Ik heb een recept in het boek	I have a recipe in the book
Ze drinkt olie	She drinks oil
Ik drink geen olie	I do not drink oil
Ik heb geen peper	I do not have pepper
We eten pasta	We eat pasta
Ik heb aardappelen gekookt	I boiled potatoes
Dit is een broodje	This is a sandwich
Hij eet salade	He eats salad
De kok heeft een worst	The cook has a sausage

TRAININGSTIJD

Keuken	Kitchen
Rundvlees	Beef
Wijn	Wine
Fruitsap	Fruit juice
Barbecue	Barbecue
Aardbei	Strawberry
Het ingrediënt is zout	The ingredient is salt
We hadden een diner in het restaurant	We had dinner in the restaurant
Dit is een kalkoen	This is a turkey
De dames lunchen in het restaurant	The ladies have lunch at the restaurant
De jongen luncht	The boy has lunch
De vrouw eet het avondeten	The woman eats dinner
Ik heb een tomaat gegeten	I ate a tomato
De chef-kok luncht	The chef has lunch
Ik ben geen ober	I am not a waiter
We drinken vruchtensap	We drink fruit juice
Hij sneed het brood	He cut the bread
Hij leest het menu	He reads the menu
Hij eet bananen	He eats bananas
Heb je honger?	Are you hungry?
Hou je van wortels?	Do you like carrots?
Ik kook en jij eet	I cook and you eat
Ik heb een ei gegeten	I ate an egg
Hij is niet vegetarisch	He is not vegetarian
De chef kookt paddenstoelen	The chef cooks mushrooms

TRAININGSTIJD

Mes	Knife
Lepel	Spoon
Bitter	Bitter
Een citroen	A lemon
Farm	Farm
Hij eet groenten	He eats vegetables
De ober heeft wijn	The waiter has wine
We eten paddenstoelen	We eat mushrooms
Ik eet vis	I eat fish
Ik eet geen kaas	I do not eat cheese
Het meisje drinkt thee	The girl is drinking tea
Het meisje heeft honger	The girl is hungry
Het ingrediënt is jam	The ingredient is jam
De smaak is niet zoet	The taste is not sweet
De smaak is zoet	The taste is sweet
Je eet ijs	You eat ice
De jongen eet kaas	The boy eats cheese
Ik hou van cake	I like cake
Ik hou van salade en olie	I like salad and oil
We eten een ananas	We eat a pineapple
Wij eten een appel	We eat an apple
Drink je koffie?	Do you drink coffee?
Hij heeft water	He has water
Hij heeft een appel	He has an apple
Hij at een stuk koekje	He ate a piece of biscuit

TRAININGSTIJD

Het meisje eet fruit	The girl eats fruit
Het meisje eet pasta met peper	The girl eats pasta with pepper
De vrouw houdt van paprikareegwaren	The woman enjoys pepper pasta
Eet je aardappels?	Do you eat potatoes?
Het meisje drinkt sinaasappelsap	The girl is drinking orange juice
De meisjes eten rijst	The girls eat rice
Mannen houden van rijst en peper	Men like rice and pepper
Ik heb een boek	I have a book
Ik houd van chocolade	I like Chocolate
Hij maakt graag Chocolate met peper	He likes to make chocolate with pepper
Ik hou van koekjes	I like cookies
Hij drinkt graag thee	He likes to drink tea
We eten broodjes	We eat sandwiches
Melk kookt	Milk is boiling
Eten is goed	Food is good
Hij drinkt limonade	He drinks lemonade
Dit is een maaltijd	This is a meal
Dit is eten!	This is food!
Ik drink niet	I do not drink
Hij schreef gelukkig	He wrote happily
Zeer goede wijn	Very good wine
Ik eet suiker	I eat sugar
Ik maak yoghurt	I make yogurt
Eet je aardbeien?	Do you eat strawberries?
Ik hou van biefstuk	I like steak

TRAININGSTIJD

Nee, Carla eet geen vis	No, Carla does not eat fish
Victoria eet rijst	Victoria eats rice
Melk, eieren	Milk, eggs
Ik kook vis	I cook fish
Oranje is een soort fruit	Orange is a kind of fruit
Broos eet fruit	Broos eats fruit
Nee, Bram drinkt niet	No, Bram doesn't drink
Dit is een tomaat	This is a tomato
Ik eet pasta	I eat pasta
Ik kook pasta	I cook pasta
Ja, het is sap	Yes, it is juice
Meisjes eten fruit	Girls eat fruit
We drinken vruchtensap	We drink fruit juice
Ja, een tomaat	Yes, a tomato
Oranje, appel	Orange, apple
Ik kook geen noedels, ik kook rijst	I do not cook noodles, I cook rice
Het meisje eet aardbeien	The girl eats strawberries
Nee, het is geen aardbei, het is een tomaat	No, it is not a strawberry, it is a tomato
Dani eet geen aardbeien	Dani does not eat strawberries
Albert eet geen sojasaus	Albert does not eat soy sauce
Thee, water, suiker	Tea, water, sugar
Ik eet broodjes	I eat sandwiches
We eten aardbeien	We eat strawberries
Dit is een broodje	This is a sandwich
Jij eet een broodje	You eat a sandwich

TRAININGSTIJD

De jongen eet aardbeien	The boy eats strawberries
Ja, Casper is vegetariër	Yes, Casper is vegetarian
Doen vegetariërs bier?	Do vegetarians drink beer?
Casper is een vegetariër, ze eet geen vis	Casper is a vegetarian, she does not eat fish
Ik ben vegetariër, ik eet geen kip	I'm vegetarian, I don't eat chicken
Het is een soep	It is a soup
Het is een citroen	It is a lemon
Het is voedsel	It is food
Tomaat, aardappel, kaas	Tomato, potato, cheese
Ik kook vis	I cook fish
Tomaat, ui, soep	Tomato, onion, soup
Eieren, kaas	Eggs, cheese
Ik kook vlees	I cook meat
Lunch	Lunch
Ik heb lunch	I am having lunch
Ik eet vlees	I eat meat
Vis, vlees, kip	Fish, meat, chicken
Eieren, kip, rijst	Eggs, chicken, rice
Ik wil geen sla eten	I don't want to eat lettuce
Onze druiven	Our grapes
Eén wortel en één appel	One carrot and one apple
De soep is voor Broos	The soup is for Broos
Ik wil geen sla in mijn salade	I do not want lettuce in my salad
De jongen eet aardbeien	The boy eats strawberries
Ja, Casper is vegetariër	Yes, Casper is vegetarian

TRAININGSTIJD

Wortel	Carrot
Ananas	Pineapple
Nee, het zijn geen druiven	No, they are not grapes
Ja, paddestoelen zijn rood	Yes, mushrooms are red
Ze drinkt water of melk	She drinks water or milk
Salade, paddestoel, wortel	Salad, mushroom, carrot
Albert eet champignons	Albert eats mushrooms
Cecilia en Markus zijn vegetariërs	Cecilia and Markus are vegetarians
Broos en ik eten vlees	Broos and I eat meat
Cees en ik drinken geen bier	Cees and I do not drink beer
Ik wil een paddenstoel in een salade	I want a mushroom in a salad
Ja, het is een salade	Yes, it is a salad
We eten ananas	We eat pineapples
De druiven die ik wil zijn rood	The grapes I want are red
Ze heeft een banaan gegeten	She ate a banana
Cake	Cake
Heb je meer maïs nodig?	Do you need more corn?
Ik drink wanneer ik wil	I drink when I want to
Als ik niet kook, eet ik niet	If I don't cook, I don't eat
Ik wil een banaan	I want a banana
Witte cake is van mij	White cake is mine
Is het ananas?	Is it pineapple?
Ik wil meer bananen	I want more bananas
Ik eet omdat je eet	I eat because you eat
Saus, tomaat, ui	Sauce, tomato, onion

TRAININGSTIJD

Ijsje	Ice cream
Ik heb koffie-ijs	I have coffee ice cream
De maaltijd	The meal
Bonen	Beans
Paddestoel	Mushroom
De ananas is van ons	The pineapple is ours
Ze is een banaan aan het eten	She is eating a banana
Ik wil tonijn in de salade	I want tuna in the salad
De kalkoen is niet de onze	The turkey is not ours
Heb je meer ijsblokjes nodig?	Do you need more ice cubes?
Ik eet geen pasta	I do not eat pasta
Ik spreek tijdens het avondeten	I speak at dinner
Tonijn, vlees en kip	Tuna, meat and chicken
Ik wil geen kalkoen, bedankt	I do not want turkey, thank you
Ik heb het menu gelezen toen ik aan het eten was	I read the menu when I was eating
Dit is ijs, geen suiker	This is ice, not sugar
Boter en olie	Butter and oil
Olie en zout	Oil and salt
Eet je peper?	Do you eat pepper?
Ik wil pasta zonder kaas	I want pasta without cheese
Ik eet geen knoflook	I do not eat garlic
Zelfs als ze geen bier drinkt, zal ze drinken	Even if she does not drink beer, she will drink
Sebastian eet rijst met kaas	Sebastian eats rice with cheese
Olie is geel	Oil is yellow
Sla	Lettuce

VERHAAL MODUS

ENGELS

Ben: "What do we have for breakfast?"

Markus: "Carrot cake."

Ben: "Is it a salad?"

Markus: "No, this is a real cake. It is made of carrots."

Ben: "It looks delicious. I want to eat a cake made of bananas, oranges, strawberries or pineapple… how about lunch?"

Markus: "Rice and tuna, garlic sauce."

Ben: "No, I don't want that. What else do you have in the fridge?"

Markus: "Nothing but some tomatoes, chicken, cheese, onions and some eggs. I still need to buy some items."

NEDERLANDS

Ben: "Wat hebben we als ontbijt?"

Markus: "Carrot cake."

Ben: "Is het een salade?"

Markus: "Nee, dit is een echte taart. Het is gemaakt van wortels."

Ben: "Het ziet er heerlijk uit. Ik wil een cake eten die gemaakt is van bananen, sinaasappels, aardbeien of ananas ... wat dacht je van lunch?"

Markus: "Rijst en tonijn, knoflooksaus."

Ben: "Nee, dat wil ik niet. Wat heb je nog meer in de koelkast?"

Markus: "Niets dan wat tomaten, kip, kaas, uien en wat eieren. Ik moet nog steeds wat items kopen."

Hoofdstuk Drie

DIEREN

Trefwoorden: Whale, elephant, wolf, cow, insect, cat, snake, duck, shark, fly, ant, animal.

Stier	Bull
Paard	Horse
Vogel	Bird
Schildpad	Tortoise
Leeuw	Lion
Hond	Dog
Kat	Cat
Olifant	Elephant
Eend	Duck
Spin	Spider
Beer	Bear
Konijn	Rabbit
Varken	Pig
Aap	Monkey
Dolfijn	Dolphin
Een koe	A cow
Een bij	A bee
Een insect	An insect
Walvis	Whale
Ze heeft een kat	She has a cat
Dit is een wolf	This is a wolf
Dit is een pinguïn	This is a penguin
Een aap in de dierentuin	A monkey in the zoo
Jij bent een tijger	You are a tiger
De kip is een vogel	The chicken is a bird

TRAININGSTIJD

De hond drinkt water	The dog drinks water
De koeien drinken melk	The cows drink milk
Een kat drinkt water	A cat drinks water
De kat drinkt melk	The cat drinks milk
Olifanten drinken melk	Elephants drink milk
De vogels eten het fruit	The birds eat the fruit
Een aap eet een banaan	A monkey eats a banana
De koeien drinken water	The cows drink water
Een spin drinkt water	A spider drinks water
Ik ben een vlinder	I'm a butterfly
Ik ben een insect	I'm an insect
Slangen eten ratten	Snakes eat rats
Haaien eten	Sharks eat
De vlieg zit in het glas	The fly is in the glass
Ik heb een bij	I have a bee
Ik heb een beer	I have a bear
De bijen eten de suiker	The bees eat the sugar
De hond eet mieren	The dog eats ants
Ze houden niet van paarden	They don't like horses
Dit is een muis!	This is a mouse!
De olifant eet een appel	The elephant eats an apple
Het meisje praat tegen de tijger	The girl talks to the tiger
De wolf praat met het meisje	The wolf talks to the girl
De slang vertelde het kind om te spreken	The snake told the child to speak
Tijgers eten brood	Tigers eat bread

TRAININGSTIJD

De vlieg eet brood	The fly eats bread
De mier leest een boek	The ant reads a book
Het dier	The animal
De katten drinken melk	The cats drink milk
Het paard drinkt water	The horse drinks water
De vogel drinkt water	The bird drinks water
Een paard is een dier	A horse is an animal
De wolf drinkt melk	The wolf drinks milk
Ja, de honden	Yes, the dogs
Ik hou van katten	I like cats
Insecten eten chocolade	Insects eat Chocolate
Vliegen eten chocolade	Flies eat Chocolate
Insecten drinken water	Insects drink water
Vliegen zijn insecten	Flies are insects
Zijn het katten?	Are they cats?
Het is een mier	It is an ant
Ja, het zijn olifanten	Yes, they are elephants
Hiroko is een schildpad	Hiroko is a turtle
Albert is een eend	Albert is a duck
Hirohito is een olifant	Hirohito is an elephant
De olifanten drinken water	The elephants drink water
Wij zijn schildpadden	We are turtles
Het zijn krabben, geen spinnen	They are crabs, not spiders
Een beer is een dier	A bear is an animal
De vogels	The birds

TRAININGSTIJD

VERHAAL MODUS

ENGELS

Ben: "Thank you for taking me to the zoo, there are so many animals here, I can see lions, horses, elephants, monkeys, bears, rabbits and birds."

Markus: "Look there, that giant spider is called the tarantula, and in the water, there are big turtles, ducks, crabs and dolphins."

Ben: "Are there also penguins?"

Markus: "I doubt it, the penguin is an Arctic animal, so it's more likely to be in the frozen regions."

Ben: "You know a lot about animals, do you have a pet?"

Markus: "No more. Once I had a mouse, and then a pig, but my sister ate it. Then there was a dog that loved to chase the neighbor's cat, but it got sick and died."

Ben: "Which animals are your favorites?"

Markus: "The animals I like best are the ones I can eat or drink, especially chickens and cows. The ones I hate the most are snakes and bees."

NEDERLANDS

Ben: "Bedankt dat je me naar de dierentuin hebt gebracht, er zijn hier zoveel dieren, ik kan leeuwen, paarden, olifanten, apen, beren, konijnen en vogels zien."

Markus: "Kijk daar, die gigantische spin wordt de tarantula genoemd, en in het water zijn grote schildpadden, eenden, krabben en dolfijnen."

Ben: "Zijn er ook pinguïns?"

Markus: "Ik betwijfel het, de pinguïn is een Arctisch dier, dus het is waarschijnlijker dat hij in de bevroren gebieden is."

Ben: "Je weet veel van dieren, heb je een huisdier?"

Markus: "Niet meer. Ik had ooit een muis en vervolgens een varken, maar mijn zus at het. Toen was er een hond die de kat van de buurman graag achtervolgde, maar hij werd ziek en stierf."

Ben: "Welke dieren zijn jouw favorieten?"

Markus: "De dieren die ik het leukst vind, zijn degene die ik kan eten of drinken, vooral kippen en koeien. Degene die ik het meest haat, zijn slangen en bijen."

Hoofdstuk Vier

BEZITTINGEN

Trefwoorden : My, yours, hers, mine, ours.

Het is niet van mij.	It's not mine.
Ik eet mijn broodje.	I eat my sandwich.
Mijn kat drinkt melk.	My cat drinks milk.
Deze honden zijn van mij.	These dogs are mine.
Deze hond is van mij.	This dog is mine.
Mijn appel staat op het bord.	My apple is on the plate.
Zij is mijn vriendin.	She's my girlfriend.
Deze kat is niet van mij.	This cat is not mine.
Het is van jou?	Is it yours?
We zullen de jouwe drinken.	We'll drink yours.
Je boterham.	Your sandwich.
De keuken is van jou.	The kitchen is yours.
Hij heeft jouw bord.	He's got your plate.
Er is een kom in je keuken.	There's a bowl in your kitchen.
Ik eet de jouwe.	I'm eating yours.
Jouw zout.	Your salt.
De vork is van jou.	The fork is yours.
Ik eet je boterham op.	I'll eat your sandwich.
Haar pasta staat op een bord.	Her pasta is on a plate.
Het snoepje is van haar.	The candy is hers.
Zijn paard eet rijst	His horse eats rice
Ik heb zijn fles.	I have his bottle.
Het is haar vork.	It's her fork.
Jouw vlinder.	Your butterfly.
De olie is van hem.	The oil is his.

TRAININGSTIJD

Het dier eet zijn voedsel	The animal eats its food
Dit is van ons	This is ours
We schrijven in ons menu	We write in our menu
Onze pasta staat op het bord	Our pasta is on the plate
Het paard is niet van ons	The horse is not ours
De bijen zijn van ons	The bees are ours
De kat is van ons	The cat is ours
Zijn kat eet muizen	His cat eats mice
Ik heb onze koe	I have our cow
Ze eet haar eigen snoep	She eats her own candy
Je mes snijdt niet	Your knife does not cut
Onze kat drinkt geen water	Our cat does not drink water
Hij heeft zijn eigen kat	He has his own cat
De vrouw heeft je bril	The woman has your glasses
We eten onze cake	We eat our cake
Ik heb je fles niet	I don't have your bottle
De dieren eten hun eigen voedsel	The animals eat their own food
De jongen eet zijn eigen koekjes	The boy is eating his own cookies
Je eend drinkt water	Your duck drinks water
Je dier eet meer vlees	Your animal eats more meat
Mijn vader drinkt wijn	My dad drinks wine
De appel is van ons	The apple is ours
Ja, dit geld is van mij	Yes, this money is mine
Ik wil mijn brood	I want my bread

TRAININGSTIJD

VERHAAL MODUS

ENGELS

"This dress is like mine." the lady said.
"Most clothes have similar nuances in our shop… Look, this is a red ribbon and yours is blue." The gentleman replied.
"Look at that man for example. He also bought something similar for his daughter, but it has a pocket."
"You are right, I understand." said the woman.

NEDERLANDS

"Deze jurk is als de mijne", zei de dame.
"De meeste kleren hebben dezelfde nuances in onze winkel … Kijk, dit is een rood lint en het jouwe is blauw." De heer antwoordde.
"Kijk eens naar die man bijvoorbeeld. Hij kocht ook iets soortgelijks voor zijn dochter, maar het heeft een zak."
"Je hebt gelijk, ik begrijp het." Zei de vrouw.

Hoofdstuk Vijf

KLEDING

Trefwoorden: Uniform, jewelry, clothes, sweater, dress.

Broek	Pants
Stropdas	Tie
Riem	Belt
Kleding	Clothing
Rok	Skirt
overhemd	Shirt
Schoenen	Shoes
Kleren	Clothes
handtassen	Handbags
Hoed	Hat
Sandalen	Sandals
De hoed is paars	The hat is purple
De jurk	The dress
Zak	Pocket
Mijn schoenen	My shoes
Haar broek	Her pants
Hij heeft mijn jas	He has my coat
Mijn shirt	My shirt
Mijn jas is bruin	My jacket is brown
Ik heb je riem	I have your belt
Mijn broek	My pants
Ik heb een rok	I have a skirt
Ik heb een shirt	I have a shirt
Ik heb je schoenen	I have your shoes
Het mes zit in de schoen	The knife is in the shoe

TRAININGSTIJD

Jas	Coat
Jas	Jacket
Bagageruimte	Boot
Uniform	Uniform
Kous	Stocking
Een trui	A sweater
Pak	Suit
Ik heb een paraplu	I have an umbrella
De portemonnee is van ons	The wallet is ours
Ik heb mijn portemonnee	I have my wallet
Ik heb sieraden	I have jewelry
Ze koopt laarzen	She buys boots
Blauwe schoenen	Blue shoes
Mijn sandalen	My sandals
De handschoenen zijn van jou	The gloves are yours
De man heeft een lederen portefeuille	The man has a leather wallet
Dit is een sandaal	This is a sandal
Zijn sokken	His socks
Dit is een rok	This is a skirt
Haar rok is rood	Her skirt is red
Ons shirt	Our shirt
Je hebt een witte rok nodig	You need a white skirt
Deze jurk is van hem	This dress is his
Dit boek is zwart	This book is black
Hij eet rood vlees	He eats red meat

TRAININGSTIJD

VERHAAL MODUS

ENGELS

Markus: "Those shoes are very beautiful, they seem expensive."
Ben: "Yes, I needed new clothes, so today I went shopping."
Markus: "Fantastic! what else did you buy?"
Ben: "First, I bought a new dress for work and the yellow belt I was looking for last summer. Then I bought pants, a white dress, a coat for my mother and a pair of shirts for my father. As I left, I saw the boots under a pair of skirts, and decided to get them for you, along with a sweater."
Markus: "Thank you very much, I appreciate it."

"Today is very windy." Miss Alessia said as they left the mall.

"This is a sign that summer is ending." Laurent answered.

"I wish I had a jacket and a pair of socks."

"I think I have some socks in my bag." Mr. Laurent said.

"Do not worry, I can buy one in that other clothing store, I can see some good glasses for sale at the window!"

NEDERLANDS

Markus: "Die schoenen zijn erg mooi, ze lijken duur."
Ben: "Ja, ik had nieuwe kleding nodig, dus vandaag ging ik winkelen."
Markus: "Fantastisch! wat heb je nog meer gekocht?"
Ben: "Eerst kocht ik een nieuwe jurk voor werk en de gele riem waar ik afgelopen zomer naar op zoek was. Toen kocht ik een broek, een witte jurk, een jas voor mijn moeder en een paar overhemden voor mijn vader.
Toen ik wegging, zag ik de laarzen onder een paar rokken en besloot ze voor jou te halen, samen met een trui."
Markus: "Heel erg bedankt, waardeer ik."

"Vandaag is het erg winderig." Vroeg mevrouw Alessia toen ze het winkelcentrum verlieten.

"Dit is een teken dat de zomer ten einde loopt." Antwoordde Laurent.

"Ik wou dat ik een jas en een paar sokken had."

"Ik denk dat ik een paar sokken in mijn tas heb." Zei Laurent.

"Maak je geen zorgen, ik kan er een kopen in die andere kledingwinkel, ik zie een paar goede glazen te koop aan het raam!"

Hoofdstuk Zes

VRAGEN

Trefwoorden : What, where, who, why, how many.

Vraag.	Question.
Wie?	Who?
Waarom?	Why?
Waar?	Where?
Hoeveel kost dit?	How much does this cost?
Hoeveel meisjes eten?	How many girls eat?
Hoeveel brood eet je?	How much bread do you eat?
Hoeveel vlees?	How much meat?
Hoeveel jongens eten vis?	How many boys eat fish?
Welke hond?	Which dog?
Hoe?	How?
Hoe schrijf je?	How do you write?
Wie leest er?	Who reads?
Wat is het?	What is it?
Wat is dit?	What's this?
Welke?	Which one?
Waar is de slang?	Where's the snake?
Waar is de kok?	Where's the cook?
Waar is de dierentuin?	Where is the zoo?
Welke appel?	Which apple?
Wie is deze jongen?	Who is this boy?
Wie is Han?	Who is Han?
Wie ben je?	Who are you?
Wat ben je aan het lezen?	What are you reading?
Wie is er melk aan het drinken?	Who's drinking milk?

TRAININGSTIJD

Excuseer mij?	Excuse me?
Welke is jouw pinguin?	Which one is your penguin?
Welke mannen lezen de krant?	Which men read the newspaper?
Welke jongen?	Which boy?
Wat ben ik?	What am I?
Welke is jouw boek?	Which one is your book?
Waarom is hij te laat?	Why is he late?
Welke schildpadden?	Which turtles?
Wat is je probleem?	What's your problem?
Hij las de vraag.	He read the question.
Hoeveel boeken hebben we?	How many books do we have?
Wat is het probleem?	What's the problem?
Je vraag heeft geen antwoord.	Your question has no answer.
Waar ben jij?	Where are you?
Wanneer eet je?	When do you eat?
Mijn antwoord is nee.	My answer is no.
Het antwoord is ja.	The answer is yes.
Sinds wanneer?	Since when?
Met wie ben je?	Who are you with?
Hoe oud is hij?	How old is he?
Hoeveel meisjes eten?	How many girls eat?
Ik heb een vraag.	I have a question.

TRAININGSTIJD

VERHAAL MODUS

ENGELS

"Hey, Miss Daphne! This is Liu Cheng, an advisor on food research. Today, I would like to ask you a few questions if you don't mind."

"Yes, continue."

"Thank you."

"First question, do you eat at least three times a day?"

"Yes."

"When you feel hungry the most?"

"In the morning, this is why I never missed breakfast."

"Where do you eat breakfast?"

"At work."

"What do you like, eggs and meat or vegetarian sandwiches?"

"Eggs and ham, I'm not a vegetarian."

"How do you like eggs? Cooked or fried?"

"I like to boil. Other times, I want to fry."

"What brand of eggs do you buy?"

"SW."

"How many boxes do you buy for a month?"

"Seven."

"How much is a box?"

"Ten dollars."

"Do you see any egg cooking show?"

"Yes. I like the easy way to cook eggs."

"Thank you for your time."

NEDERLANDS

"Hé, juffrouw Daphne! Dit is Liu Cheng, een adviseur op het gebied van voedselonderzoek. Vandaag wil ik je een paar vragen stellen als je het niet erg vindt."

"Ja, doorgaan."

"Dank je."

"Eerste vraag, eet je minstens drie keer per dag?"

"Ja."

"Wanneer heb je het meest honger?"

"In de ochtend, dit is waarom ik nooit ontbijt miste."

"Waar eet je ontbijt?"

"Op het werk."

"Wat vind je lekker, eieren en vlees of vegetarische sandwiches?"

"Eieren en ham, ik ben geen vegetariër."

"Hoe houd je van eieren? Gekookt of gefrituurd?"

"Ik hou van koken. Andere keren wil ik bakken."

"Welk merk eieren koopt u?"

"SW."

"Hoeveel dozen koop je voor een maand?"

"Zeven."

"Hoeveel kost een doos?"

"Tien dollar."

"Zie je een ei-kookprogramma?"

"Ja. Ik hou van de gemakkelijke manier om eieren te koken."

"Bedankt voor je tijd."

Hoofdstuk Zeven

WERKWOORDEN

Trefwoorden: I can, walk, do, like, stay, I understand.

Ik drink	I drink
Hoe gaat het met je?	How are you?
Ik wil een tomatensoep	I want a tomato soup
Nee, je kan het niet	No, you can not
Wie kwam naar het restaurant?	Who came to the restaurant?
Jij maakt een boterham	You make a sandwich
We hebben een keuken	We have a kitchen
Ze hebben boeken	They have books
Ik heb een mes	I have a knife
Ze zijn mannen	They are men
Ik ben een meisje	I am a girl
Hoeveel van jullie zijn er?	How many of you are there?
We zijn jongens	We are boys
De man is weg	The man is gone
ik weet het niet	I do not know
De vrouw geeft de jongenskoekjes	The woman gives the boy biscuits
Ik kan het meisje niet vinden	I can't find the girl
Het paard zag de kat	The horse saw the cat
Ik ken deze vrouwen	I know these women
De jongen begroet	The boy greets
Ze nam mijn suiker	She took my sugar
De koffie komt eraan	The coffee is coming
Zij spreekt	She speaks
Hij zei	He said
Ik vraag om een biefstuk	I ask for a steak

TRAININGSTIJD

Ze draagt mijn schoenen	She is wearing my shoes
Ik doe geen suiker in thee	I don't put sugar in tea
Ze denken niet	They do not think
De mannen denken	The men think
Wanneer komt het brood aan?	When does the bread arrive?
Ik begrijp niet waarom	I don't understand why
De dieren blijven in de dierentuin	The animals remain in the zoo
We hebben deze vogel gehoord	We heard this bird
Ze heeft snoep achtergelaten	She left candy
De koffie is gezoet	The coffee is sweetened
Waar eet je brood?	Where do you eat bread?
We geloven	We believe
Ze verliet de jongen	She left the boy
Ik gebruik een lepel	I use a spoon
Ik herinner me het menu	I remember the menu
Hoe leven zij?	How do they live?
Jij eet	You eat
Jij werkt	You work
Je wacht	You wait
Je drinkt	You drink
Ben je binnengekomen?	Did you enter?
Je opent het boek	You open the book
Hij was klaar met zijn avondeten	He finished his dinner
Hoe maak je de taart af?	How do you finish the cake?

We maken de taart af	We finish the cake

TRAININGSTIJD

De vrouw eet vis	The woman eats fish
De leeuw houdt van het vlees	The lion likes the meat
Ik eet een appel	I eat an apple
Wij drinken	We drink
Je praat met Filippo	You talk to Filippo
Wat heb je nodig?	You need what?
We wachten op de drank	We wait for the beverage
Ik heb je nodig	I need you
Ik heb een paard nodig	I need a horse
Ik spreek	I speak
Ze verlaat de jas	She leaves the coat
De vrouw passeert de man	The woman passes the man
Ze hebben kleren nodig	They need clothes
Ze heeft een jas nodig	She needs a coat
Ik hou van suiker	I like sugar
Het meisje wacht op de lunch	The girl waits for lunch
Jij praat met Sara	You talk to Sara
We hebben u nodig	We need you
We spreken niet	We do not speak
Ze kijkt en leest	She looks and reads
Ze vindt haar sleutels niet	She does not find her keys
Hij arriveert met de slang	He arrives with the snake
Wij houden van ananas	We like pineapples
Hij brengt aardappels	He brings potatoes

Hij brengt brood	He brings bread

TRAININGSTIJD

We volgen je	We follow you
Zij loopt	She walks
Ik vergeef je	I forgive you
Ze houden van koffie	They like coffee
Het meisje is gekleed	The girl is dressed
De man is onder hem	The man is under him
Hij houdt van dieren	He likes animals
Ze stopte	She stopped
Hij probeerde	He tried
Mijn terugkeer is in de buurt	My return is nearby
De leeuw heeft honger	The lion feels hungry
Ze vonden de lepel	They found the spoon
We komen aan	We arrive
Stop het paard	Stop the horse
We kijken naar het menu	We look at the menu
Ze openden het boek	They opened the book
Ze houden van appels	They like apples
Ik kan openen	I can open
Ik beweeg	I move
Hij betaalde	He paid
De jongen vergat om verandering te brengen	The boy forgot to bring change
Hij is verdwenen	He is gone
Ze koopt schoenen	She buys shoes
Hij gaf hem de kaart	He gave him the card
Hij slaapt en ik kook	He sleeps and I cook

TRAININGSTIJD

Hebben	Have
Schrijven	Write
Ik ren	I run
Jij rent	You run
Ik slaap	I sleep
Zij betalen	They pay
Wij slapen	We sleep
Ik speel met Virgil	I play with Virgil
Ik koop geen salade	I do not buy salad
Ze spelen	They play
We spelen met paarden	We play with horses
Ze is een boek aan het lezen	She is reading a book
De man wint een riem	The man wins a belt
Het meisje vraagt	The girl asks
Ik fantaseer altijd	I always fantasize
Mannen houden van doorgesneden rijst	Men like peppered rice
Ik laat mijn kostuum zien	I show my costume
Hij zal niet veranderen	He will not change
Hij heeft de boerderij grootgebracht	He raised the farm
Ze introduceerde de secretaresse	She introduced the secretary
Hij introduceerde deze dame	He introduced this lady
Hij bestaat niet	He does not exist
Ze verschijnen 's nachts	They appear at night
Het meisje probeert soep	The girl tries soup
Je geeft koffie aan de regisseur	You give coffee to the director

TRAININGSTIJD

Ik droom van een boek	I dream of a book
Hij produceert uien	He produces onions
Ze proeven rijst	They taste rice
Studenten tonen hun werk	Students show their work
Ze produceren brood	They produce bread
Dit is heel bekend	This is very familiar
Ze vertrouwt op haar familie	She relies on her family
Ze zoekt naar haar moeder	She searches for her mother
De lunch begint over één minuut	Lunch starts in one minute
Hij telt niet	He does not count
Ik respecteer de bestuurder	I respect the driver
De schoenen zijn niet geschikt	The shoes are not suitable
De deadline eindigt op vrijdag	Deadline ends on Friday
Wij vertrouwen op u	We rely on you
Ik ben vandaag begonnen	I started today
Ze lijken natuurlijk	They seem natural
We respecteren je generatie	We respect your generation
Haar handtekening	Her signature
Waarom kom je niet binnen?	Why don't you come in?
Hij serveert rijst	He serves rice
De deur gaat niet dicht	The door does not close
Het feest hangt af van de architect	The party depends on the architect
We hebben de wieg gestolen	We stole the crib
Het maakt niet uit wanneer je komt	It doesn't matter when you come

Ze hebben het boek ondertekend	They signed the book

TRAININGSTIJD

De jongen sluit het raam	The boy closes the window
Ze importeren je structuur	They import your structure
waar moet ik tekenen?	Where do I sign?
Hij serveert koffie	He serves coffee
De deur is niet gesloten	The door is not closed
Jij kiest de maat	You choose the size
Als hij je hoort	If he hears you
Er is een hond in huis	There is a dog in the house
Hij diende een antwoord in	He submitted an answer
Zit je op de vloer?	Are you sitting on the floor?
Mijn kind leert snel	My child is learning quickly
We wenden ons tot de leraar	We turn to the teacher
ik luister naar jou	I listen to you
Luisteren ze niet?	Do they not listen?
Mijn zus leert kleuren	My sister learns colors
Een meisje antwoordde	One girl answered
Jij liegt	You are lying
Hij heeft deze industrie uitgelegd	He explained this industry
Houd je van appels of bananen?	Do you like apples or bananas?
Ik lieg niet	I don't lie
Ik geef hem sap	I give him juice

Dieren liegen niet	Animals do not lie
Ik verplaats de koelkast	I move the refrigerator
De jongens groeien	The boys grow
De baby huilt	The baby cries

TRAININGSTIJD

Daar ben ik het mee eens	I agree
Wij zijn het daarmee eens	We agree
Ik zing	I sing
Ik vlieg	I fly
Ik leer	I learn
Hij lachte	He laughed
Morgen leg ik uit waarom	Tomorrow, I explain why
We bouwen een gezin	We build a family
We danken de rechter	We thank the judge
Ze studeren in de middag	They study in the afternoon
Ze woont in een groot huis	She lives in a big house
We slaan een man	We hit a man
De secretaresse zorgt voor koffie	The secretary provides coffee
Het mes raakte de muur	The knife hit the wall
Ze wonen in een groot huis	They live in a big house
Ik bied haar spaghetti aan	I offer her spaghetti
Het mes heeft een man gedood	The knife killed a man
We bakken	We bake
De meisjes leren samen	The girls learn together

Ik denk het	I think so
De postbode reist op reis met zijn dochter	The postman is on a journey with his daughter
De moeder leert haar kind	The mother teaches her child
Ik stuur eten	I send food
De vrouw werd wakker	The woman woke up
Hij kijkt naar de vogels	He looks at the birds

TRAININGSTIJD

Ze zetten de tafel	They set the table
De schoenen doen het meisje pijn	The shoes hurt the girl
Ik train vandaag	I train today
Ze zette de tafel op	She set the table
Hij biedt voedsel	He provides food
Ik zorg voor mijn grootvader	I take care of my grandfather
Hij traint deze jongen	He trains this boy
Vogels vliegen in de slaapkamer	Birds fly in the bedroom
We huilen als baby's	We cry like babies
Hij stopte de sleutel in zijn zak	He put the key in his pocket
Hij studeerde dag en nacht	He studied day and night
Houd je van rijst of brood?	Do you like rice or bread?
De moeder wikkelt de baby in een deken	The mother wraps the baby in a blanket
De familie nodigde de schrijver uit voor een etentje	The family invited the writer to dinner
Wat zie je?	What do you see?

Wij koken	We cook
We slapen niet	We do not sleep
Je ziet ze	You see them
Ze hebben de lunch uitgesteld	They postponed lunch
Nee, je gaat niet	No, you don't go
Ze koken soep	They cook soup
Ik betaal niet	I do not pay
Ze faalden	They failed
We zijn vaak mislukt	We failed many times
Ik faalde niet	I did not fail

TRAININGSTIJD

Waar houden ze het zout?	Where do they keep the salt?
De lamp brandt de handdoek	The lamp burns the towel
Hij denkt dat we menselijk zijn	He thinks we are human
De zussen bewegen de spiegel	The sisters move the mirror
De architect verplaatst de lamp	The architect moves the lamp
Ik heb de fles gevuld met olie	I filled the bottle with oil
De rechter oordeelt de bisschop	The judge judges the bishop
Ze woont in mijn huis	She lives in my house
Ze verbeterde het menu	She improved the menu
Ze draagt een ladder	She is carrying a ladder
Ze koken eieren	They cook eggs
Hij lunchte	He had lunch
Ik kan niet horen	I can not hear
Ze hebben boeken	They carry books

Vogels kunnen niet zwemmen	Birds can't swim
Ze rijdt niet op paarden	She does not ride horses
Hij zorgt voor dieren	He takes care of animals
Ze hebben boeken	They have books
Jij levert eten	You provide food
We rennen niet	We don't run
We willen appels	We want apples
Ja ik ga	Yes, I go
Ik eet brood	I eat bread
De jongens drinken water	The boys drink water
Ik stel een vraag	I ask a question

TRAININGSTIJD

Laten we gaan	Let's go
Kunnen we?	Can we?
Ik kan	I can
Jij kan	You can
Kook je geen eend?	Don't you cook duck?
Mijn vader kan zwemmen en je moeder kan lopen	My dad can swim and your mother can walk
De kinderen zagen de beer	The children saw the bear
De man kuste zijn vrouw	The husband kissed his wife
Ik heb de fles gevuld met water	I filled the bottle with water
Ik heb een dier; het is een muis	I have an animal; it is a mouse
Welke jurk wil je?	Which dress do you want?
Han wil een roze spin	Han wants a pink spider

Je betaalt voor de lunch	You pay for lunch
Nee, je gaat niet	No, you don't go
Han slaapt, Markus rent	Han sleeps, Markus runs
We lanceren een nieuwe krant	We launch a new newspaper
De hond speelt	The dog plays
Kinderen betalen niet	Children do not pay
De jongen loopt niet	The boy does not walk
Ze is weg, ik ben weg	She is gone, I am gone
De jongens luisteren	The boys are listening
Wij betalen niet	We do not pay
De man wees naar het paard	The man pointed at the horse
We maken saus	We make sauce
Ik heb de hond gevonden	I found the dog

TRAININGSTIJD

Weten	Know
Vind	Find
Spel	Game
Monster	Sample
Het regent	It's raining
Ik weet	I know
De vogel spreekt niet	The bird does not speak
Raak de uien niet aan	Don't touch the onions
Ze schreeuwen je naam	They scream your name
We raken de kip niet aan	We do not touch the chicken
De olifant wil water	The elephant wants water

De kat hoorde het niet	The cat did not hear
Ze spreekt, ze spreken	She speaks, they speak
Ze bestuderen deze boeken	They study these books
We vinden voedsel	We find food
De kinderen spelen	The children play
Ik weet het niet	I do not know
Geen zout	No salt
Ze volgen hun vader	They follow their father
De vrouw proeft brood	The woman tastes bread
Je laat je riem zien	You show your belt
Ik droomde van mijn vriendin	I dreamt of my girlfriend
Ze verschijnen 's nachts	They appear at night
Ik ben op zoek naar mijn hond	I am looking for my dog
Ze laten hun familie zien	They show their family

TRAININGSTIJD

Wij helpen	We help
Ga terug!	Go back!
Mijn tante is eenzaam	My aunt is lonely
Markus sloot het raam	Markus closed the window
Ik ben tussen jou en hem	I am between you and him
Ze zijn veilig	They are safe
We eten het avondeten	We are eating dinner
We herinneren onze oma	We remember our grandmother

Ze is op zoek naar haar kat	She is looking for her cat
Ze deed de deur dicht	She closed the door
Welke droom?	Which dream?
Ik denk aan jou	I think of you
Ze geven geen eten	They don't give food
De hond helpt die persoon	The dog helps that person
De chef-kok weegt vlees	The chef weighs meat
Ze kijkt naar het raam	She looks at the window
Hij is bij het meisje	He is with the girl
Ze proberen rijst	They try rice
Ik weeg mijn zoon	I weigh my son
Hij toonde deze brieven	He showed these letters
We kijken naar het menu	We look at the menu
Ik accepteer de bank	I accept the sofa
Ik respecteer vrouwen	I respect women
Hij accepteert het niet	He does not accept
Ze nam mijn suiker	She took my sugar

TRAININGSTIJD

Ze bezoekt haar familie	She visits her family
Zij drinken	They drink
We denken van niet	We think not
Ze geeft water	She gives water
Ik kwam terug met mijn hond	I came back with my dog
Hij respecteert zijn vrouw	He respects his wife

Hij bezocht een dokter	He visited a doctor
Ze houdt een hoed vast	She is holding a hat
De beer past niet door de deur	The bear does not fit through the door
Ja, het lijkt vertrouwd	Yes, it seems familiar
Ze zal morgen beginnen	She will start tomorrow
Hij serveert rijst	He serves rice
Ben je in Beijing geweest?	Have you been to Beijing?
Je telt niet	You don't count
Deze maand eindigt op maandag	This month ends on Monday
Je kent mijn dochter	You know my daughter
De schoenen passen niet	The shoes do not fit
Ik zal morgen beginnen	I will start tomorrow
Ze lijken natuurlijk	They seem natural
Hij telt broodjes	He counts sandwiches
We serveren het diner	We serve dinner
Hij tekende het boek	He signed the book
Het einde van september	The end of September
De moeder geeft het kind de schuld	The mother blames the child
Zij heeft deze brief ingediend	She submitted this letter

TRAININGSTIJD

Hoe voelt hij zich over haar?	How does he feel about her?
Ze hebben zijn wieg geïmporteerd	They imported his crib

Hij omvat zijn moeder	He includes his mother
Hij komt de keuken binnen	He enters the kitchen
Ze hebben het boek ondertekend	They signed the book
Ik stuur eten	I send food
Nee, kleur is niet belangrijk	No, color is not important
Ze bevatten een andere jurk	They include a different dress
Ik importeer kaas	I import cheese
We hebben zijn shirt getekend	We signed his shirt
Mam, kom alsjeblieft binnen	Mom, please come in
Het hangt er van af	It depends
Hij zei	He said
Morgen kan beginnen	Tomorrow can begin
We openen dit boek	We open this book
Mijn man is laat	My husband is late
Het heeft werk nodig	It needs work
Ik zeg ja	I say yes
Jij opent de deur	You open the door
We komen morgen aan	We will arrive tomorrow
Boeren zeggen dat dit boek heel goed is	Farmers say this book is very good
Wanneer komen ze aan?	When will they arrive?
Hij heeft meer voedsel nodig	He needs more food
Wanneer zal je terug komen?	When will you come back?
Ik koop het niet	I don't buy it

TRAININGSTIJD

Ik open het sap	I open the juice
De schilder vertrouwt op hem	The painter relies on him
Vind jij zomer leuk?	Do you like summer?
Hij twijfelt er niet aan	He does not doubt it
We kwamen laat terug	We came back late
Ze vraagt om een appel	She asks for an apple
Ik redde mijn buurman	I saved my neighbor
Ik vind die telefoons niet leuk	I don't like those phones
De jongen kocht een hond	The boy bought a dog
Ze is gevuld met flessen	She is filled with bottles
Ik betwijfel dat hij twijfelt	I doubt that he doubts
Wij redden dieren	We save animals
Is deze bus geparkeerd in Brussels?	Is this bus parked in Tianjin?
Hij vervolgt zijn document	He continues his document
Hij won twintig dollar	He won twenty dollars
Ik vroeg hem	I asked him
Hij mengt uien	He mixes onions
Ze is eigenaar van een rode auto	She owns a red car
Hij vraagt niet	He doesn't ask
Ik sta op straat	I stand on the street
Ze mengen sap en melk	They mix juice and milk
Ik leef in een stad	I live in a city
Ze gaan door	They continue

Je verdient veel geld	You make a lot of money
Je vraagt hetzelfde	You ask the same thing

TRAININGSTIJD

Sta jij honden toe?	Do you allow dogs?
Wie heeft het konijn ontvangen?	Who received the rabbit?
Hij denkt dat ik een vriend ben	He thinks that I am a friend
Ze gebruiken suiker	They use sugar
Hij voegde zout aan de soep toe.	He added salt to the soup.
Deze auto is erg waardevol	This car is very valuable
Waar woon jij?	Where do you live?
Mijn partner staat het toe	My partner allows it
Je gebruikt een computer	You use a computer
Ze denken dat ik een vriend ben	They think I'm a friend
Hij woont in Duitsland	He lives in Germany
We wonen hier	We live here
Hij kent haar	He knows her
Ik geef geld uit	I spend money
Hij begrijpt me niet	He doesn't understand me
Ze gaf geen antwoord	She did not answer me
De sandwich bevat kaas	The sandwich contains cheese
Hij versloeg zijn vriend	He defeated his friend
Dit maakt veel mensen geïnteresseerd	This makes many people interested

Ik snap het niet	I do not understand
Ze versloeg hun vijanden	They defeated their enemies
Ik heb te veel uitgegeven	I spent too much
Je begrijpt niet wat Ik bedoel	You don't understand what I mean
Ik heb de appel gesneden	I cut the apple
Je boekt een tafel	You book a table

TRAININGSTIJD

Ik rust	I rest
Ik zing	I sing
Ik spring	I jump
Ik vlieg	I fly
Ik zal rijden	I will drive
Ik bestuur een auto	I drive a car
Ik weiger hem	I refuse him
Hij behandelt kinderen	He handles children
Ze verbeterde het menu	She improved the menu
Ik observeer hem	I observe him
Hij greep naar zijn hoed	He reached for his hat
Hij beïnvloedt me	He influences me
Wat is er met jou gebeurd?	What happened to you?
Ik raadpleegde mijn baas	I consulted my boss
Ik wil een zoon	I want a son
Hij hield de tafel	He kept the table
We brengen deze dag samen door	We spend this day together
Ze verloor haar sleutel	She lost her key
Ik dacht het niet	I do not think so

Kinderen gaan hier door	Children go through here
Ik heb de wijn aan mijn moeder doorgegeven	I passed the wine to my mother
Je herkent zijn shirt	You recognize his shirt
Het glas bevat water	The glass contains water
Mijn dochter wil een paard	My daughter wants a horse
Hij observeerde zijn dochter	He observed his daughter

TRAININGSTIJD

Nu zal hij dit proberen	Now he will try this
Hoeveel is het?	How much is it?
Hoeveel is bier?	How much is beer?
Hij raadpleegt David	He consults David
Hij liet eten achter in huis	He left food in my home
Hij presteerde goed	He performed well
Ze zetten de tafel	They set the table
Ze maakt een menu	She creates a menu
De vogel vliegt niet	The bird does not fly
Vogels vliegen	Birds fly
Ik kan hier zijn	I can be here
Je zult nooit verliezen	You will never lose
Hij is niet goed voor Debora	He is not good for Debora
Ik gebruik London Underground	I use London Underground
Mijn naam is Koning	My name is King
Deze maand eindigt morgen	This month ends tomorrow
Ze denkt dat het te laat is	She thinks it's too late

Hij liep met mijn zus	He walked with my sister
Hij is hier	He's here
Je hoort hier niet thuis	You don't belong here
Je gelooft me niet	You do not believe me
Ik was dit shirt	I wash this shirt
Ze loopt met mijn vrienden	She walks with my friends
Hij viel	He fell
Til de lade op	Lift the tray

TRAININGSTIJD

Voelen	Feel
Ga hier	Go here
Schietbaan	Shooting range
Wij bepalen	We decide
Mijn zoon haat je niet	My son does not hate you
Hij droogde zijn schoenen	He dried his shoes
De dokter heeft me genezen	The doctor cured me
Ik heb mijn brief niet nodig	I don't need my letter
Ze bieden meer geld	They provide more money
Ze gaan elke dag uit	They go out every day
Ik heb geen vlees meer nodig	I don't need more meat
Mijn moeder gebruikt de oven	My mother uses the oven
ik haat maandag	I hate Monday
Ze staat om zeven uur op	She gets up at seven
Ik droog mijn shirt	I dry my shirt
De trein vertrekt om negen uur	The train leaves at nine

VERHAAL MODUS

ENGELS

Today is the first day of spring. The boys, Dennis and Dirk, decided to meet friends at the lakeside bar to celebrate the new season. Anton wanted to go with them, but they did not agree because he was too young to drink. On their way, the boys saw a bear walking towards them. If Anton was here, he may have fainted, but the boys wait for the bear to leave quietly. Shortly after, the boys entered the bar and watched the argument in front of them.

"The man pays, I dance, I don't pay," Diana shouted.

"You cannot have both, Diana. We cannot pay salaries and still give drinks and food free." said the person in charge of the bar.

"No problem, we will pay all the fees." Dennis said.

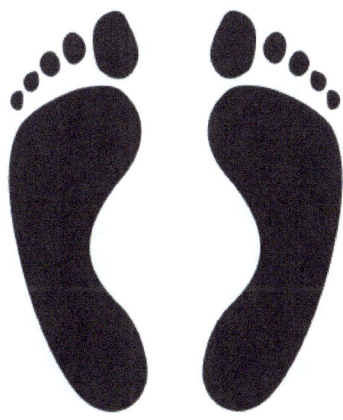

NEDERLANDS

Vandaag is de eerste lentedag. De jongens, Dennis en Dirk, besloten om vrienden te ontmoeten in de bar aan het meer om het nieuwe seizoen te vieren. Anton wilde met hen meegaan, maar ze waren het er niet mee eens omdat hij te jong was om te drinken. Onderweg zagen de jongens een beer naar hen toe komen. Als Anton hier was, zou hij misschien zijn flauwgevallen, maar de jongens wachten op de beer om rustig te vertrekken. Kort daarna kwamen de jongens de bar binnen en keken naar het argument voor hen.

"De man betaalt, ik dans, ik betaal niet," riep Diana.

"Je kunt niet beide hebben, Diana. We kunnen geen salarissen betalen en toch drankjes en voedsel gratis geven." Zei de persoon die de leiding had over de bar.

"Geen probleem, we betalen alle kosten." Zei Dennis.

Hoofdstuk Acht

PREPOSITIE

Trefwoorden : From, in, to, on, with.

Ze schrijven aan vrouwen	They write to women
De jongens lazen de mannen voor	The boys read to the men
We geven brood aan de eend	We give bread to the duck
Deze meid houdt niet van sap	This girl does not like juice
Wie komt naar de dierentuin?	Who comes to the zoo?
Ze lunchen	They are having lunch
We eten het avondeten	We are eating dinner
Ik denk aan Lisa	I think of Lisa
Ik ben in de dierentuin	I am at the zoo
Hij woont in Mexico	He lives in Mexico
Wie gelooft in kinderen?	Who believes in children?
Ze schreven over haar	They wrote about her
De olie zit in de fles	The oil is in the bottle
Ik drink sinaasappelsap	I drink orange juice
Ik ben in de krant	I am in the newspaper
Hij kookt in de keuken	He cooks in the kitchen
We drinken van een bril	We drink from glasses
Ik kom uit de dierentuin	I come from the zoo
Vlees komt van dieren	Meat comes from animals
Eten in de plaat	Food in the plate
Het recept dat ik schreef	The recipe I wrote
Melk komt van koeien	Milk comes from cows
Ik ging naar het paard	I went to the horse

Dit is voor haar	This is for her

TRAININGSTIJD

Wanneer?	When?
Vork op een bord	Fork on a plate
Mieren op suiker	Ants on sugar
Limonade in een fles	Lemonade in a bottle
Wij geloven in mannen	We believe in men
Volgens de jongen eet ze geen kip	According to the boy, she does not eat chicken
Ze komt uit het restaurant	She comes from the restaurant
We zetten suiker op de taart	We put sugar on the cake
We kopen fruit van de jongen	We buy fruit from the boy
Vissen leven in water	Fish live in water
Ze zijn tussen ons	They are between us
Ik gebruik zout om vis te koken.	I use salt to cook fish.
Hij kijkt je aan	He looks at you
Eieren staan niet op het bord	Eggs are not on the plate
Ik liep naar hem toe	I walked to him
Volgens haar is dit geen vis	According to her, this is not a fish
Vlees komt uit eenden	Meat comes from ducks
In aanvulling op wijn	In addition to wine
Naast bier	In addition to beer
Ik heb een mannenbord	I have a man's plate
Ze eet salade zonder olie	She eats salad without oil
Hij heeft paarden	He has horses
We praten over boeken	We talk about books
ik vroeg hem	I asked him
Wil je wat suiker?	Do you want some

sugar?

TRAININGSTIJD

We leven bij het water	We live by the water
De spin is aan de muur	The spider is on the wall
Deze boeken zijn van vrouwen	These books are from women
We dronken wijn bij het avondeten	We drank wine at dinner
Ondanks de verschillende kleuren, kopen we nog steeds schoenen	Despite the different colors, we still buy shoes
We eten rijst met kip	We eat rice with chicken
Ik eet fruit, behalve appels	I eat fruit, except apples
Heb je geen suiker en koffie?	Don't you have sugar and coffee?
Wat is de kleur van de laarzen?	What is the color of the boots?
De kat van het meisje is wit	The girl's cat is white
Mieren in oranje	Ants in orange
De schoenen van het meisje zijn zwart	The girl's shoes are black
Dit is geen vork voor de man	This is not a man's fork
De hond van de jongen drinkt water.	The boy's dog drinks water.
Ik eet een van je appels	I eat one of your apples
Vrouwen houden van deze kleding	Women like these clothes
Dit is een glas zonder deksel	This is a glass without a cover

Hoofdstuk Negen

DATUMS EN TIJD

Trefwoorden: Week, month, second, year, date, time.

Nacht	Night
Dag	Day
Datum	Date
Kalender	Calendar
Van juli tot september	From July to September
April eindigt vandaag	April ends today
Maart is tussen februari en april	March is between February and April
Ik zie je morgen!	See you tomorrow!
We zijn in januari	We are in January
Dit is het brood van gisteren	This is yesterday's bread
Ik heb in januari met hem gegeten	I had dinner with him in January
Gisteren was het een man en vandaag is het een vrouw	Yesterday it was a man and today it is a woman
Wat eten ze in februari?	What do they eat in February?
Maart eindigt vandaag	March ends today
Het is augustus	It is August
Het is nu november	It is now November
Mei eindigt vandaag niet	May does not end today
Morgen is het donderdag	Tomorrow is Thursday
We hebben hen in oktober geschreven	We wrote to them in October
Dit is een maandag	This is a Monday
Werk jij op zaterdag?	Do you work on Saturday?
Ik eet dinsdag kaas	I eat cheese on Tuesday

Vandaag is het maandag	Today is Monday
Vandaag is het zaterdag	Today is Saturday
Hij stierf in december	He died in December

TRAININGSTIJD

De lente	Spring
Winter	Winter
Ik eet steak op vrijdag	I eat steak on Friday
We eten kaas op woensdag	We eat cheese on Wednesday
Vandaag is het vrijdag	Today is Friday
Het restaurant is geopend in juni	The restaurant opened in June
Ik heb deze zomer met hem doorgebracht	I spent this summer with him
Ik drink 's ochtends koffie	I drink coffee in the morning
Vandaag is het zondag	Today is Sunday
Ik eet 's middags	I eat at noon
Honden houden van de herfst	Dogs like autumn
Deze taart is voor zondag	This cake is for Sunday
In Londen is het lente	In London it is spring
Ik eet 's middags chocolade	I eat Chocolate in the afternoon
Ik werk 's nachts	I work at night
Hij werkt tot middernacht	He works until midnight
vrijdag-en zaterdagavonden	Friday and Saturday nights
Het is tijd voor taart	It's time for cake
Waar gaan we heen vanavond?	Where are we going tonight?
Wacht even!	Wait a moment!
Ik werk vanavond	I work tonight

Ik werk 's nachts	I work at night
Minuten en uren zijn verstreken	Minutes and hours have passed
Week van de maand	Week of the month
Dinsdag is een dag van de week	Tuesday is a day of the week

TRAININGSTIJD

De seconden gaan voorbij	The seconds pass
Het is etenstijd	It is dinner time
Mag ik je een paar minuten lastig vallen?	Can i bother you for a few minutes?
Ik kan niet langer wachten	I can not wait anymore
We drinken elk uur een fles	We drink a bottle every hour
Een eeuw is geen jaar	A century is not a year
Binnen een maand	In a month
Minuten en uren zijn verstreken	Minutes and hours have passed
Het decennium eindigt vandaag	The decade ends today
Het feest is morgen	The party is tomorrow
Morgen is mijn verjaardag	Tomorrow is my birthday
De periode eindigde in april	The period ended in April
Jaren of maanden?	Years or months?
De eeuwen gaan voorbij	The centuries pass
Ze werkten tientallen jaren	They worked for decades
Wat is de datum van vandaag?	What is today's date?
Je bent laat aangekomen vanmorgen	You arrived late this morning
Het is laat	It's late

Vaarwel!	Goodbye!
Ik heb geen tijd	I do not have time
Een maand geleden	One month ago
Hij eet elke week met ons	He eats with us every week
Wat heb je vanmorgen gedronken?	What did you drink this morning?
De vrouw heeft een kalender	The woman has a calendar
De lente is een seizoen	Spring is a season

TRAININGSTIJD

Minuten en seconden	Minutes and seconds
Uren van de dag	Hours of the day
Weken en maanden	Weeks and months
Ochtendgloren	Breaking dawn
Dit seizoen	This season
'S Nachts	At night
Hoeveel minuten?	How many minutes?
Hij arriveerde op donderdag	He arrived on Thursday
Waar is het startpunt?	Where is the starting point?
Augustus en september zijn maanden van het jaar	August and September are months of the year
Ik heb in die periode gewerkt	I worked in that period
Ik loop in de ochtend	I walk in the morning
Wat is de datum vandaag?	What's the date today?
Ze gaan naar het festival	They go to the festival
Ik werk niet op maandag	I do not work on Monday
Ik loop niet in oktober	I will not run in October

Eén minuut is een moment	One minute is a moment
De zomer is voor de jeugd	Summer is for youth
Haar verjaardag is juli.	Her anniversary is July.
De geboorte van de eeuw	The birth of the century
Hoe lang is de cyclus?	How long is the cycle?
Er zijn geen datums voor deze brieven	There are no dates for these letters
Het aantal seconden op een dag	The number of seconds in a day
De winter is lang	Winter is long
Maandag, dinsdag en woensdag	Monday, Tuesday and Wednesday

TRAININGSTIJD

Mijn zoon Anton is een jaar oud.	My son Anton is one year old.
Ik heb een seconde nodig	I need a second
Afgelopen zaterdag hebben we vlees gegeten	Last Saturday, we ate meat
Soms wel, soms nee	Sometimes yes, sometimes no
Albert drinkt bier op maandag en woensdag	Albert drinks beer on Monday and Wednesday
We hebben geen date	We have no date
Mijn tante Julia is gisteren gekomen	My aunt Julia came yesterday
Oktober en december zijn maanden van het jaar	October and December are months of the year
Maart, april, mei en juni	March, April, May and June
Mijn grootmoeder rent niet in februari	My grandmother does not run in February

Eén vrijdag in mei	One Friday in May
Vanaf vandaag	As of today
Hij schreef in november	He wrote in November
Ik eet geen vis in augustus	I don't eat fish in August
Van september tot december	From September to December
De winter is een seizoen	Winter is a season
We hebben een tijdje gegeten	We ate for a while
Alle partijen zijn niet morgen	All parties are not tomorrow
Ik loop in de ochtend	I walk in the morning
Feestdagen in augustus	Holidays in August
Ik eet 's middags	I eat at noon
Ik heb haar vandaag gedate	I dated her today

TRAININGSTIJD

VERHAAL MODUS

ENGELS

"January, February and March are the best months of my work."

"Why do you say that?"

"Because the rainy season is over in January. It is easier to clean up the ground and the grass is dry. Weeds cannot grow quickly.

Iron and cement prices will fall in February, and I can buy more at lower prices. In March, I earn a little more, which helps speed up the work."

"I see, what about the other months?"

"In April, the price of stone was cheaper. Work begins in mid-June, and the rainy season begins from July to August. The rain is most intense in September and October, and in December, we take a break."

NEDERLANDS

"Januari, februari en maart zijn de beste maanden van mijn werk."

"Waarom zeg je dat?"

"Omdat het regenseizoen in het verleden is." Onkruid kan niet snel groeien.

De prijzen voor ijzer en cement zullen in februari dalen en ik kan tegen negatieve prijzen worden aangeboden. In maart verdien ik wat meer, wat het werk versnelt."

"Ik snap het, hoe zit het met de andere maanden?"

"In april was het september intens intens in september en oktober en in december nemen we een pauze."

11/18/2019

Hoofdstuk Tien
FAMILIE

Trefwoorden: Father, mother, children, uncle, cousin.

Familie	Family
Vader	Father
Moeder	Mother
Zoon	Son
Dochter	Daughter
Kind	Child
De broer	The brother
Sisters	Sisters
Grootvader	Grandfather
Grootmoeder	Grandmother
Man	Husband
Baby	Baby
Hij en mijn moeder zijn broer en zus.	He and my mother are brother and sister.
Ik wil een zoon en een dochter.	I want a son and a daughter.
Wij zijn broers en zussen	We are brothers and sisters
Mijn vader heeft een restaurant	My father has a restaurant
Mijn ouders eten rijst	My parents eat rice
Mijn dochter wil een horloge	My daughter wants a watch
Mijn moeders zussen eten geen kip	My mother's sisters do not eat chicken
Zij zijn mijn broers	They are my brothers
Ik heb een jongere zus	I have a younger sister
Hun kinderen drinken melk	Their children drink milk
Wij zijn man en vrouw	We are husband and wife
We zijn neven	We are cousins
Hij is niet mijn neef	He is not my cousin

TRAININGSTIJD

Hallo grootvader!	Hello grandfather!
De vrouw van mijn oom is mijn tante	My uncle's wife is my aunt
Zij zijn de vrouwen	They are the wives
We gaan naar oma's	We go to grandma's
Ik eet met mijn tante	I eat with my aunt
Het sap is voor mijn oma	The juice is for my grandma
Waar zijn mama en papa?	Where is Mommy and Daddy?
We hebben een voornaam en een achternaam	We have a first name and a last name
Hoe schrijven we haar achternaam?	How do we write her last name?
Je bent zoals je moeder	You are like your mother
Bedankt pap!	Thanks dad!
Ze is als haar moeder	She is like her mother
Wat is je achternaam?	What is your last name?
Mijn nicht heeft een hond	My niece has a dog
De hond van de jongen	The boy's dog
We hebben een zoon en een kat	We have a son and a cat
Wij zijn zijn kinderen	We are his children
Wie zijn je ouders?	Who are your parents?
Anton is niet je vader	Anton is not your father
Mijn kind komt uit Italië	My child is from Italy
Han is mijn zoon	Han is my son
Markus is niet mijn moeder	Markus is not my mother
Sebastian is niet mijn vader	Sebastian is not my father

Ja, Albert is mijn man.	Yes, Albert is my husband.
Edwin is mijn broer	Edwin is my brother

TRAININGSTIJD

Ik ben zijn vrouw	I am his wife
Het zijn mijn ooms	They are my uncles
Ze is mijn tante	She is my aunt
Zij en mijn moeder zijn zussen.	She and my mother are sisters.
Jij bent onze vrouw	You are our wife
Nee, je hebt geen baby's	No, you do not have babies
Mijn moeder is een grootmoeder	My mother is a grandmother
Elias is mijn grootvader	Elias is my grandfather
Mijn grootmoeder is Elizabeth.	My grandmother is Elizabeth.
Mijn familie komt uit Duitsland	My family is from Germany
Bedankt oma	Thank you Grandma
De blauwe hoed is voor mijn grootmoeder	The blue hat is for my grandmother
Hij is niet mijn neef	He is not my cousin
Han is mijn neef	Han is my cousin
Anton is mijn neef	Anton is my cousin
Deze witte hoed is niet geschikt voor mijn grootmoeder	This white hat is not suitable for my grandmother
We zijn neven	We are cousins
Albert en Emma hadden een kind	Albert and Emma had a child
Mijn vrouw is de moeder van mijn zoon	My wife is the mother of my son

TRAININGSTIJD

VERHAAL MODUS

ENGELS

Ben: "Your sister Debora just sent a photo to Instagram. There are many people inside and it looks like a great family portrait."

Markus: "Yes, a photographer came to our house today. We took pictures to celebrate my grandfather's birthday."

"On the left are my brother and his wife, they are married and have just returned from their honeymoon, and on the right of them is my father, whom you have met countless times."

"This is the youngest member of the family, my niece Stella. She's just a girl, but she's very pretty."

"Sitting next to my grandfather was my grandmother, my mother, my uncle and my lawyer. And on the floor, we have my cousin and my nephew."

Ben: "This is a great family photo."

Markus: "I know, I like it."

NEDERLANDS

Ben: "Je zus Debora heeft net een foto naar Instagram gestuurd. Er zitten veel mensen in en het ziet eruit als een geweldig familieportret."

Markus: "Ja, er is vandaag een fotograaf bij ons thuisgekomen. We hebben foto's gemaakt om de verjaardag van mijn grootvader te vieren."

"Links zijn mijn broer en zijn vrouw, ze zijn getrouwd en net teruggekeerd van hun huwelijksreis, en aan de rechterkant van hen is mijn vader, die je ontelbare malen hebt ontmoet."

"Dit is het jongste lid van de familie, mijn nicht Stella. Ze is maar een meisje, maar ze is erg mooi."

"Naast mijn grootvader zat mijn oma, mijn moeder, mijn oom en mijn advocaat. En op de vloer hebben we mijn neef en mijn neef."

Ben: "Dit is een geweldige familiefoto."

Markus: "Ik weet het, ik vind het leuk."

Hoofdstuk Elf

KLEUR

Trefwoorden : Colored, black, white, red, yellow, blue.

De kleur is groen	The color is green
Deze trui is blauw	This sweater is blue
Een gekleurd shirt	A colored shirt
We kopen een zwarte broek	We buy black pants
Deze vrouw heeft een bruine riem	This woman has a brown belt
Haar sokken zijn grijs	Her socks are gray
Schoenen zijn blauw	Shoes are blue
Oranje	Orange
De wol is paars	The wool is purple
De vogel is geel	The bird is yellow
Mijn shirt is wit	My shirt is white
Ze heeft een rode broek	She has red pants
Deze kat is niet wit	This cat is not white
Waar is mijn witte shirt?	Where is my white shirt?
Haar kleren zijn zwart	Her clothes are black
De vacht is roze	The coat is pink
De olifant is grijs	The elephant is grey
Ik ken je favoriete kleur niet	I don't know your favorite color
Ze draagt een rode broek	She is wearing red pants
Het is dezelfde kleur	It is the same color
Haar shirt is groen	Her shirt is green
Ik hou van zwarte rokken	I like black skirts

Hoofdstuk Twaalf

BEROEP

Trefwoorden: Work, clown, captain, architect, mechanic, researchers, doctor, model, soldier, police.

De student	**The student**
Gezagvoerder	**Captain**
Bewaker	**Guard**
Schrijver	**Author**
Auteur	**Writer**
Artiest	**Artist**
Het model	**The model**
Autoriteit	**Authority**
Artsen	**Doctors**
Krijger	**Warrior**
Koning	**King**
Prins	**Prince**
Boeren	**Farmers**
De architect	**The architect**
De onderzoekers	**The researchers**
Schilder	**Painter**
De professionals	**The professionals**
Bisschop	**Bishop**
Rechter	**Judge**
De leraar	**The teacher**
Lezer	**Reader**
De student	**The student**
Vertegenwoordiger	**Representative**
De ondernemer	**The entrepreneur**
Politieagenten	**Policemen**

TRAININGSTIJD

De opdrachtgever	The principal
Hij is een ingenieur en zij is een architect	He is an engineer and she is an architect
De boeren werken met vee en kippen	The farmers work with cattle and chickens
Wat zegt de ingenieur?	What does the engineer say?
Ze is een visser	She is a fisherman
Hij praat met de bewaker	He talks with the guard
Ben jij de gastheer?	Are you the host?
Je bent een clown	You are a clown
De boeren lazen de krant	The farmers read the newspaper
Onze broer is monteur	Our brother is a mechanic
De politie heeft blauwe shirts	The police have blue shirts
Wat eet een loodgieter?	What does a plumber eat?
Wij zijn geen postbodes	We are not postmen
Wie is je advocaat?	Who is your lawyer?
Mijn zus werkte niet	My sister did not work
Waar is de manager?	Where is the manager?
Wie is de arbeider?	Who is the worker?
Ik ging naar een dokter	I went to see a doctor
Vis is jouw specialiteit	Fish is your specialty
Mijn man is geen secretaresse	My husband is not a secretary
Mijn man is een onderzoeker	My husband is a researcher
Mijn oom en mijn tante zijn artsen	My uncle and my aunt are doctors
Ik ken een onderzoeker	I know a researcher
De auteur schreef	The author wrote

De visser drinkt een kop koffie.	The fisherman drinks a cup of coffee.

TRAININGSTIJD

Het antwoord van de kapitein arriveerde vandaag	The captain's answer arrived today
Je vader is boer	Your father is a farmer
Je bent een architect	You are an architect
Mijn moeder wacht op de postbode	My mother waits for the postman
Wat is haar carrière?	What is her career?
Zij is mijn adviseur	She is my advisor
Het antwoord is werkgelegenheid	The answer is employment
Het publiek wil limonade	The audience wants lemonade
Het publiek arriveerde op donderdag	The audience arrived on Thursday
De expert spreekt met de koning	The expert speaks with the king
Ik heb een advocaat nodig	I need a lawyer
Hij is een woordvoerder van de politie	He is a spokesman for the police
Hij is de leider van deze eeuw	He is the leader of this century
Ik ben geen verslaggever	I am not a reporter
De kolonel en de regisseur spreken	The colonel and director speak
Welterusten, gravin	Good night, Countess
Ik ben een vertegenwoordiger van Genève	I am a representative of Geneva
De leraar ziet hun studenten	The teacher sees their students

Ze zijn leiders	They are leaders
Het zijn kunstenaars	They are artists
Zij is een lerares	She is a teacher
Bent u een model?	Are you a model?
Hij is een zakenman	He is a businessman
Jij bent een dokter	You are a doctor
De studenten eten	The students eat

TRAININGSTIJD

Brood	Bread
De artiest	The artist
De prins	The prince
De lepel is voor de koning	The spoon is for the king
Mijn moeder en mijn tante zijn leraren	My mother and my aunt are teachers
De studenten drinken water	The students drink water
Hij is een student	He is a student
De schrijver drinkt wijn.	The writer drinks wine.
Hij praat met de dokter	He talks with the doctor
Goedemorgen leraar	Good morning teacher
Sarah en Christina zijn politievrouwen	Sarah and Christina are policewomen
De leraar eet een broodje	The teacher eats a sandwich
Wie is de officier van justitie?	Who is the prosecutor?
Het zijn modellen	They are models
Hij is een secretaresse	He is a secretary
Wij zijn leerkrachten	We are teachers
Ik heb een dokter nodig	I need a doctor
De studenten eten brood	The students eat bread

Hoeveel bazen heb je?	How many bosses do you have?
Zij is mijn secretaresse	She is my secretary
Fredo is een politieagent	Fredo is a policeman
Je hebt een secretaresse	You have a secretary
De koningin drinkt geen bier	The queen does not drink beer
De leraar eet appel	The teacher eats apple
Zij is mijn baas	She is my boss

TRAININGSTIJD

De schilder	The painter
De boeren	The farmers
De chef	The chef
Ik ben een verslaggever	I am a reporter
Hij praat met de bewaker	He talks with the guard
De dichter schreef een brief	The poet wrote a letter
Mijn oom is de auteur van dit boek	My uncle is the author of this book
Ik ben een zakenman	I am a businessman
De professoren lezen	The professors read
Ik ben geen professor	I am not a professor
Patricia is een rechter	Patricia is a judge
De soldaten eten	The soldiers eat
Ben jij een auteur?	Are you an author?
Mijn vader is een dichter	My father is a poet
Wij zijn professoren	We are professors
Mijn oom is een werknemer	My uncle is an employee
Wie is je advocaat?	Who is your lawyer?
De kolonel praat met de soldaten	The colonel talks with the soldiers

Nee, Pedro is geen acteur. Hij is een dichter.	No, Pedro is not an actor. He is a poet.
Het zijn kunstenaars	They are artists
Ik heb een advocaat	I have a lawyer
Zijn werknemers schrijven brieven	His employees write letters
Angelo en Zhao zijn artiesten	Angelo and Zhao are artists
De chef-kok eet vlees	The chef eats meat
Mijn zus is mijn advocaat	My sister is my lawyer

TRAININGSTIJD

Ik ben de eigenaar van de hond	I am the owner of the dog
Wie is de agent?	Who is the agent?
Ze zijn experts	They are experts
De commandant eet sinaasappels	The commander eats oranges
Vlees is hun specialiteit	Meat is their specialty
Kunstenaars en schilders	Artists and painters
De eigenaar heeft een paard	The owner has a horse
Mijn moeder is een vogelexpert	My mother is a bird expert
Ja, ik ben een ingenieur en een timmerman	Yes, I am an engineer and a carpenter
Ja, mijn oom Frank is een agent	Yes, my uncle Frank is an agent
De praktijk is erg belangrijk	Practice is very important
Ja, Han is een bakker	Yes, Han is a baker
Ik ben een leraar	I am a teacher
Ze zijn stemopnemers	They are tellers

Is zij mijn verpleegster?	Is she my nurse?
Dit is niet mijn beroep	This is not my profession
Paul is een priester	Paul is a priest
Ze is een bakker	She is a baker
Het zijn kassiers	They are cashiers
Het zijn geen sporters	They are not athletes
Een priester drinkt geen bier	A priest does not drink beer
De priesteres heeft een zwarte kat	The priestess has a black cat
Mijn dochter is een serveerster	My daughter is a waitress
Mijn oom is geen boer. Hij is een bakker.	My uncle is not a farmer. He is a baker.

TRAININGSTIJD

Arbeider	Worker
Loodgieter	Plumber
Postbode	Postman
Clown	Clown
Priesters schrijven boeken	Priests write books
Mijn vriendin is een chauffeur	My girlfriend is a driver
Ik ben een ober	I am a waiter
Nee, mijn broer David is geen timmerman	No, my brother David is not a carpenter
Zijn echtgenote is een chauffeur	His spouse is a driver
Paul is geen ingenieur, hij is een verpleegster	Paul is not an engineer, he is a nurse
Je oom is geen verpleegster. Hij is een kok	Your uncle is not a nurse. He is a chef
Nee, Leo en Sofia zijn geen atleten	No, Leo and Sofia are not athletes

Harry is een Britse ingenieur	Harry is a British engineer
Carlos is geen acteur, hij is een student	Carlos is not an actor, he is a student
Hij praat over zijn principes	He talks about his principles
Je hebt een goed geheugen	You have a good memory
Ze heeft deze voorwaarden aan mij uitgelegd	She explained these terms to me
Hij werkt als een postbode	He works as a postman
De secretaresse drinkt koffie.	The secretary drinks coffee.
Mijn dochter is politieagente	My daughter is a policewoman
Dit is onze expertise	This is our expertise
Mijn oom is de gastheer	My uncle is the host
Wij zijn geen postbodes	We are not postmen
Ik ben een politieagent	I am a police officer

TRAININGSTIJD

VERHAAL MODUS

ENGELS

Johan: "Where do your parents work?"

Steven: "My father is a lawyer and my mother is also a lawyer."

Johan: "And your siblings?"

Steven: "My older sister works as a secretary, while my brother is a painter."

Johan: "And you?"

Steven: "So far I have published two books, so I can call myself an author."

Johan: "Do you want to be anything else when you grow up?"

Steven: "I like a lot of people. Judges, artists, actors, engineers, cooks and even soldiers.
When I was a kid, I liked the latter and their guns. This is the most fascinating to me. But my mother disagreed. She wanted me to become a doctor or a university professor.
I can't imagine studying for a long time, so I read something else. When I finished my studies, my first job was a librarian and then a driver, and I finally found a job as an agent."

NEDERLANDS

Johan: "Waar werken je ouders?"

Steven: "Mijn vader is een advocaat en mijn moeder is ook een advocaat."

Johan: "En je broers en zussen?"

Steven: "Mijn oudere zus werkt als secretaresse, terwijl mijn broer schilder is."

Johan: "En jij?"

Steven: "Tot nu toe heb ik twee boeken gepubliceerd, dus ik kan mezelf een auteur noemen."

Johan: "Wil je nog iets anders zijn als je groot bent?"

Steven: "Ik hou van veel mensen. Rechters, artiesten, acteurs, ingenieurs, koks en zelfs soldaten.
Toen ik een kind was, vond ik de laatste en hun geweren leuk. Dit is het meest fascinerende voor mij. Maar mijn moeder was het daar niet mee eens. Ze wilde dat ik een dokter of een professor aan de universiteit werd.
Ik kan me niet voorstellen dat ik lang studeer, dus ik lees iets anders. Toen ik klaar was met mijn studie, was mijn eerste baan een bibliothecaris en vervolgens een chauffeur, en uiteindelijk vond ik een baan als agent."

Hoofdstuk Dertien

MAATREGELEN

Trefwoorden : Meter, mile, kilometers, kilograms, total.

Diepte	Depth
Hoogte	Height
Een kilogram	One kilogram
Een meter	One meter
Meten	Measuring
Ze is klein en ik ben heel groot	She is small, and I am very big
De olifant is een enorm dier	The elephant is a huge animal
We gebruiken één gram thee	We use one gram of tea
Ze heeft een beetje brood	She has a bit of bread
Hoeveel centimeters zijn er nog over?	How many centimeters are left?
Jij doet de meting	You do the measurement
Centimeter en inches	Centimeters and inches
We kennen het volume	We know the volume
We hebben één gram suiker	We have one gram of sugar
In de volgende kamer	In the next room
Welk dier is klein?	Which animal is small?
Ik wachtte een paar uur	I waited for a few hours
Hoeveel rijst?	How much rice?
We gebruiken kilometers	We use kilometers
Hoeveel kilo?	How many kilograms?
Een kwart van het totaal	One quarter of the total
Mijn helft	My half
Dit is hetzelfde voor mij	This is the same for me

We kijken naar het totale aantal	We look at the total number
Dit zijn de twee kanten kilometers	These are the two sides Kilometers
Hoe lang is een mijl?	How long is a mile?
Ik heb een liter olie in de keuken	I have a litre of oil in the kitchen
Dubbele espresso, bedankt	Double espresso, thanks
Niets in de keuken	Nothing in the kitchen
De dubbele espresso is voor haar	The double espresso is for her
Er zit niets in mijn tas	There is nothing in my bag
Ik heb een kleine witte chocolade	I have a little white Chocolate
De breedte van de deur is 80 centimeter	The width of the door is 80 centimeters
Diepte is erg belangrijk	Depth is very important
Eén ton heeft duizend kilogram	One ton has a thousand kilograms
Wil je mijn halve appel?	Do you want my half apple?
Acht keer is vier keer twee keer	Eight times is four times twice
Dit is de grootte van een ei	This is the size of an egg
De kamer heeft een vierkante vorm	The room has a square shape
Hoeveel kilo vlees krijgen we?	How many kilograms of meat do we get?
Wat is de nieuwe snelheid?	What is the new speed?
Er zijn drie kubieke meter brandhout in mijn kelder	There are three cubic meters of firewood in my cellar

TRAININGSTIJD

VERHAAL MODUS

ENGELS

"How fast does the engine run?" asks Prof. Makkonen, a silver hair engineer, to test his latest invention on the Eliseu Bridge.

"About nine kilometers an hour." The assistant said when he picked up a large speedometer.

"What is the height requirement for eight kilometers below sea level?"

"Four to ten feet long, sir."

"Okay, now, how does it compare to the previous one?" asked Professor Makkonen.

"This usually depends on its width and water content. At this point, the two are almost the same, from 64 pounds to 63 pounds." the assistant explained.

"Yes, but it consumes a third of its predecessor's intensity, and the total distance is greater: from 90 centimeters to two meters, instead of from 50 centimeters to one meter, so there is a difference." said the professor.

The assistant picked up the notebook and scribbled several numbers.

"Perhaps we should also increase the length by half, sir, for the purpose of aerodynamics."

"Indeed, Walter, let us work now." the professor answered.

NEDERLANDS

"Hoe snel loopt de motor?" Vraagt prof. Makkonen, een ingenieur met zilverkleurige haren, om zijn nieuwste uitvinding op de Eliseu-brug te testen.

"Ongeveer negen kilometer per uur." De assistent zei toen hij een grote snelheidsmeter oppakte.

"Wat is de hoogte-eis voor acht kilometer onder de zeespiegel?"

"Vier tot tien voet lang, mijnheer."

"Oké, hoe verhoudt het zich tot het vorige?" Vroeg professor Makkonen.

"Dit hangt meestal af van de breedte en het watergehalte. Op dit punt zijn de twee bijna hetzelfde, van 64 pond tot 63 pond." De assistent uitgelegd.

"Ja, maar het verbruikt een derde van de intensiteit van zijn voorganger, en de totale afstand is groter: van 90 centimeter naar twee meter, in plaats van van 50 centimeter naar een meter, dus er is een verschil", zei de professor.

De assistent pakte de notebook op en krabbelde een paar cijfers.

"Misschien moeten we ook de lengte met de helft vergroten, mijnheer, met het oog op aerodynamica."

"Inderdaad, Walter, laten we nu werken." Antwoordde de professor.

Hoofdstuk Veertien

HUISHOUDEN

Trefwoorden : Balcony, chair, bed, room, oven, roof, door, soap, door, curtain, desk, toothpaste, bathroom.

Huis	**House**
Glas	**Glass**
Mes	**Knife**
Telefoon	**Phone**
Kop	**Cup**
Lepel	**Spoon**
Fontein	**Fountain**
TV	**TV**
Pot	**Pot**
Sofa	**Sofa**
Gordijn	**Curtain**
Tafel	**Table**
Deur	**Door**
Tapijt	**Carpet**
Bureau	**Desk**
Stoel	**Chair**
Bed	**Bed**
Keuken	**Kitchen**
Venster	**Window**
Lamp	**Lamp**
Sleutel	**Key**
Licht	**Light**
Spiegel	**Mirror**
Plafond	**Ceiling**
Bovengronds	**Above ground**

TRAININGSTIJD

Muur	Wall
Oven	Oven
Slaapkamer	Bedroom
Toilet	Toilet
Mijn kroonluchter	My chandelier
Je mes	Your knife
Mijn telefoon is erg groot	My phone is very big
Mijn lepel is wit	My spoon is white
Ik heb een badkuip	I have a bathtub
De kat ligt op het tapijt	The cat is on the carpet
Ik ben op het balkon	I am on the balcony
We leven in een appartement	We live in an apartment
Ik wil mijn deken	I want my blanket
Mijn zoon wil een groen bed	My son wants a green bed
Het tapijt is blauw	The carpet is blue
Mijn oom woont in een appartement	My uncle lives in an apartment
Ik heb geen tapijt in mijn keuken.	I have no carpet in my kitchen.
Het water is heel helder	The water is very clear
Je bent weg, ik ga weg.	You are gone, I am leaving.
Ik gebruik een stoel	I use a chair
Hij kocht een tent	He bought a tent
Het is vandaag een zonnige dag	Today is a sunny day
De kat eet op het tapijt	The cat eats on the carpet
Ik lees een boek op tafel.	I read a book on the table.
Jij opent de deur	You open the door

TRAININGSTIJD

We gaan je tent binnen	We enter your tent
De cake is in de koelkast	The cake is in the fridge
Waar is het meubilair?	Where is the furniture?
We hebben geen verwarming	We don't have heating
Ik ben bij de deur	I am by the door
Ze kan haar sleutel niet vinden	She can't find her key
Het paard staat voor de deur	The horse is at the door
De lichten in de badkamer zijn groen	The lights in the bathroom are green
Ze hebben geen meubels	They don't have furniture
Ze hebben sleutels	They have keys
Is er een telefoon in de kamer?	Is there a phone in the room?
Waar is de shampoo?	Where is the shampoo?
We kopen witte kussens	We buy white pillows
De shampoo bevindt zich in de badkamer	The shampoo is in the bathroom
Het rode dakhuis is van mijn oom	The red roof house is my uncle's
Waar is de spiegel?	Where is the mirror?
Ik heb een kussen	I have a pillow
Hoeveel oproepen heb je?	How many calls do you have?
Heb je een ladder?	Do you have a ladder?
Zeep in de badkuip	Soap in the bathtub
Ik wil een bank	I want a sofa
De keuken is van jou	The kitchen is yours
De muur is rood	The wall is red
We openen het venster	We open the window
De ingang is wit	The entrance is white

TRAININGSTIJD

Het speelgoed ligt op het tapijt	The toy is on the carpet
Waarom kunnen we het speelgoed van de zoon niet vinden?	Why can't we find the son's toy?
Je familie staat aan tafel	Your family is at the table
Brood in de oven	Bread in the oven
Mijn moeder is aan het douchen	My mother is taking a shower
Mijn moeder is in de keuken	My mother is in the kitchen
Het venster is zwart	The window is black
De kat is op de bank	The cat is on the couch
We wachten in de tuin	We are waiting in the yard
Waar is de tandpasta?	Where is the toothpaste?
Waar zijn de lakens?	Where are the sheets?
Wat voor scheermes heb ik?	What kind of razor do I have?
Heb je een tandenborstel?	Do you have a toothbrush?
Ik heb een paar rode stoelen	I have some red chairs
Heb je een spons?	Do you have a sponge?
Ik neem een tandenborstel	I take a toothbrush
Zijn stoel	His chair
Hij heeft een rode telefoon	He has a red phone
Lorenzo eet aan tafel	Lorenzo eats at the table
We hebben geen beker!	We don't have a cup!
Steven slaapt in bed	Steven sleeps in bed
Ik heb je tv	I have your TV
In de keuken	In the kitchen

Een glas melk	A glass of milk
De muur	The wall

TRAININGSTIJD

Ik ben aan het eten in de slaapkamer	I am eating in the bedroom
Ik heb geen koelkast	I have no refrigerator
Albert maakt de badkamer schoon	Albert cleans the bathroom
We hebben een droger	We have a dryer
Die wasmachine	That washing machine
Ik heb geen wasmachine	I have no washing machine
Zit Ronald in een stoel?	Does Xi sleep in a chair?
Edwin kookt kip in de oven	Edwin cooks chicken in the oven
Hij wil een wasmachine	He wants a washing machine
Wil je een keukenspons?	Do you want a kitchen sponge?
Ik heb zeep nodig	I need soap
De paraplu is niet van ons	The umbrella is not ours
De vellen zijn geel	The sheets are yellow
Hebben we gele zeep?	Do we have yellow soap?
Sarah eet zeep!	Sarah eats soap!
Het scheermes is blauw	The razor is blue
Ik vul de beker met water	I fill the cup with water
De kleur is heel natuurlijk	The color is very natural
De krant is de nieuwste	The newspaper is the latest
Ik heb geld	I have money

Het volgende uur
De thee is natuurlijk
Dit is een historische week

Next hour
The tea is natural
This is a historic week

VERHAAL MODUS

ENGELS

Gilbert: "What are you doing in the wine cellar?"

Fred: "I am looking for my mobile phone."

Gilbert: "Have you checked behind this wall? I saw you standing by the window some time ago."

Fred: "I check everywhere, inside the washing machine, the table is everywhere."

Gilbert: "Where did you see it last time?"

Fred: "On the sheets folded in my room."

Gilbert: "Try to remember your way."

Fred: "Well, when my dad called, I was cleaning the bathroom mirror. When the call ended, I changed the light from the ceiling of the room, then I remembered the rain. I needed to clean the pool, so I opened the closet and took an umbrella. And some soap.
After that, I went back to the kitchen and opened the fridge to drink juice. I put my phone close to the cup and some dishes. There is also a knife on the kitchen table. I went back to the room, where I decided to take a drink before I took a nap. This is what I remember."

Gilbert: "Let's go back to the bedroom."

NEDERLANDS

Gilbert: "Wat doe je in de wijnkelder?"

Fred: "Ik ben op zoek naar mijn mobiele telefoon."

Gilbert: "Heb je achter deze muur gekeken? Ik zag je al een tijd geleden bij het raam staan."

Fred: "Ik kijk overal, in de wasmachine is de tafel overal."

Gilbert: "Waar heb je het de vorige keer gezien?"

Fred: "Op de lakens gevouwen in mijn kamer."

Gilbert: "Probeer je weg te onthouden."

Fred: "Nou, toen mijn vader belde, was ik de badkamerspiegel aan het schoonmaken. Toen het telefoontje eindigde, veranderde ik het licht van het plafond van de kamer, en toen herinnerde ik me de regen. Ik moest het zwembad schoonmaken, dus opende ik de kast en pakte ik een paraplu. En wat zeep.

Daarna ging ik terug naar de keuken en opende de koelkast om sap te drinken. Ik leg mijn telefoon in de buurt van de beker en een paar gerechten. Er staat ook een mes op de keukentafel. Ik ging terug naar de kamer, waar ik besloot te gaan drinken voordat ik een dutje deed. Dit is wat ik me herinner."

Gilbert: "Laten we teruggaan naar de slaapkamer."

Hoofdstuk Vijftien

BIJVOEGLIJKE NAAMWOORDEN

Trefwoorden : Strong, full, common, free, strange, long.

Nogmaals?	Once again?
Eindelijk	At last
Ik ben ziek	I am sick
Het is anders	It is different
Deze vrouw is erg mooi	This woman is very beautiful
Ze is niet oud	She is not old
Dit is mogelijk	This is possible
Hun uniform is nieuw	Their uniform is new
Zijn antwoord is anders dan de mijne.	His answer is different from mine.
Dit is hetzelfde	This is the same
Wat hij wil is onmogelijk	What he wants is impossible
Wees een brave meid!	Be a good girl!
De nationale kleuren zijn groen en geel	The national colors are green and yellow
Zijn ze lang?	Are they tall?
Dit is een goede cake	This is a good cake
Ik ben kort	I am short
Wij zijn niet internationaal	We are not international
Het is niet duur	It is not expensive
Mijn zus is erg beroemd	My sister is very famous
De schrijver is niet beroemd	The writer is not famous
Onze tandpasta is erg goedkoop	Our toothpaste is very cheap
Dit pakket is gratis	This package is free
Ik ben vandaag vrij.	I am free today.
Ik weet dat je erg rijk bent.	I know that you are very rich.

Heb je buitenlands bier?	Do you have foreign beer?

TRAININGSTIJD

Dit is mijn dagelijks brood	This is my daily bread
Ze is een moderne moeder	She is a modern mother
Ik heb een elektrische grill	I have an electric grill
Ze is erg populair	She is very popular
Wat is belangrijk voor hem?	What is important to him?
Dit paard is een nuttig dier	This horse is a useful animal
Dit is een open vraag	This is an open question
Ben je geïnteresseerd?	Are you interested?
Zijn we perfect?	Are we perfect?
Ben jij het enige kind?	Are you the only child?
Ik ben capabel	I am capable
De rode appel is niet speciaal	The red apple is not special
Hij heeft een interessant kostuum	He has an interesting costume
Het werk van je neef is heel interessant.	Your cousin's work is very interesting.
Je houdt het raam gesloten	You keep the window closed
Je bent niet de enige	You are not the only one
Ze is erg sterk	She is very strong
We zijn niet moeilijk	We are not difficult
Champignonsoep heeft een vreemde smaak	Mushroom soup has a strange taste
Mijn grootmoeder leeft alleen.	My grandmother lives alone.
Haaien zijn gevaarlijk	Sharks are dangerous

Mijn zoon is erg groot	My son is very big
Ik breng zware laarzen mee	I bring heavy boots
Zeer lange nacht	Very long night
De volgende kop koffie is van jou	The next cup of coffee is yours

TRAININGSTIJD

Makkelijk voor haar	Easy for her
Ik zit vol	I'm stuffed
Ik heb een hele kip gegeten.	I ate a whole chicken.
Ze is erg streng voor ze	She is very tough on them
Mijn rok is wit en blauw	My skirt is white and blue
Dit is een gewone krant	This is an ordinary newspaper
Dit is echt	This is real
Ontbijt is klaar	Breakfast is ready
Ik ben er zeker van	I am sure
Je antwoord is correct.	Your answer is correct.
Hij is een gewoon persoon	He is an ordinary person
We besloten omdat we besloten	We decided because we determined
Uw antwoord is niet duidelijk	Your answer is not clear
Onze tijd is kort	Our time is short
De soep wordt koud	The soup is getting cold
Ze is heel jong, ik ben oud.	She is very young, I am old.
Het weer is heet vandaag.	The weather is hot today.
Februari is een korte maand	February is a short month

Hebben ze warme broodjes?	Do they have hot sandwiches?
Haar probleem is moeilijk	Her problem is difficult
Hij is een uitstekende student	He is an excellent student
Ze sliep in een lege kamer	She slept in an empty room
De gordijnen zijn vies	The curtains are dirty
Een culturele krant	A cultural newspaper
Hij is heel sterk	He is very strong

TRAININGSTIJD

Wij zijn mensen	We are people
De keuken is niet veilig	The kitchen is not safe
We zijn lang en sterk	We are tall and strong
Ik heb genoeg kleren	I have enough clothes
Hij is nog erger	He is even worse
Ik moet kleren drogen	I need to dry clothes
Dit is makkelijk	This is easy
Alsjeblieft, wat sap	Please, some juice
Hij sprak heel snel	He spoke very quickly
Ik ben geen buitenlander	I am not a foreigner
De deken is erg dun	The blanket is very thin
Hun boeken zijn zeldzaam	Their books are rare
Hij is een persoon met weinig woorden	He is a person with few words
De gordijnen zijn erg dun	The curtains are very thin
Mijn dochter houdt van dunne spaghetti	My daughter likes thin spaghetti
Zeer weinig boeken	Very few books
We drinken erg snel	We drink very quickly
De vloer is vies	The floor is dirty

Haar shampoo is duur	Her shampoo is expensive
We zijn niet moeilijk	We are not difficult
Hij heeft lege zakken	He has empty pockets
We hebben een lege kamer	We have a vacant room
Nee, dit is eenvoudig	No, this is simple
Ik denk dat dit onmogelijk is.	I think this is impossible.
Ik las een nationale krant.	I read a national newspaper.

TRAININGSTIJD

Hij is een industrieel chemicus	He is an industrial chemist
Dit is niet gebruikelijk.	This is not a common thing.
De kleuren van het land zijn rood, zwart en geel	The colors of the country are red, black and yellow
Haar keuken is industrieel	Her kitchen is industrial
Ja, het is heel eenvoudig	Yes, it's very simple
Ze zijn erg arm	They are very poor
Ze is heel openhartig	She is very frank
Wat is de historische periode?	What is the historical period?
Limonade is heel natuurlijk	Lemonade is very natural
Ze zijn niet verantwoordelijk	They are not responsible
De muur is permanent	The wall is permanent
Omdat ik een slecht persoon ben	Because I am a bad person
Ik ben arm	I am poor
Dit is een historische week	This is a historic week

Ze zijn niet natuurlijk	They are not natural
Eerlijk gezegd	Frankly speaking
Wij zijn niet verantwoordelijk	We are not responsible
Sap is natuurlijk	Juice is natural
Hij is erg arm	He is very poor
Ik heb een mooie eend	I have a beautiful duck
Zij zijn goede studenten	They are good students
Ze eten dezelfde plaat	They eat the same plate
Je hebt het erg goed gedaan	You did very well
Je bent tweetalig	You are bilingual
Deze jurk is prachtig	This dress is beautiful

TRAININGSTIJD

Het zijn jonge mensen	They are young people
Ze heeft dezelfde beker	She has the same cup
Ze is een oude rechter	She is an old judge
Goede vraag	Good question
Dezelfde soep	The same soup
De appel is erg goed	The apple is very good
Is dat nuttig?	Is that useful?
Dit is een nieuw boek	This is a new book
Jij bent beter dan ik	You are better than me
De lichten zijn moeilijk te zien	The lights are hard to see
Mijn broer	My brother
Ik ben groter dan mijn zus.	I am bigger than my sister.
Nee, jij bent de eerste	No, you are the first
Wij zijn geen nieuwe mensen	We are not new people
We hebben de beste	We have the best
Wij zijn oudere broers en zussen	We are older brothers and sisters
Is hij lelijk?	Is he ugly?

Wil je nieuwe kleding?	Do you want new clothes?
Ja, het is echt	Yes, it is real
Je bent een actief persoon	You are an active person
Wij zijn de laatste	We are the last one
Ja, ze zijn echt	Yes, they are real
Dit is onmogelijk	This is impossible
Ja, dit is erg belangrijk	Yes, this is very important
Dit is het laatste moment	This is the last moment

TRAININGSTIJD

Jij bent niet echt!	You are not real!
Mijn broer is erg belangrijk	My brother is very important
Hij is een actieve baas	He is an active boss
Het was erg lang gisteravond.	It was very long last night.
Morgen is mijn laatste dag	Tomorrow is my last day
Hard	Hard
Schoenen zijn noodzakelijk	Shoes are necessary
Dit is een openbare partij	This is a public party
De auteur loopt alleen	The author walks alone
Je bent erg populair bij kinderen.	You are very popular with children.
Jij bent anders dan ik.	You are different from me.
Dit is mijn privételefoon	This is my private phone
Hij wandelt alleen	He walks by himself
Publiek bad	Public bath
We zijn niet welkom	We are not welcome

Nee, ze zijn niet nodig	No, they are not necessary
De plaat is erg hard	The plate is very hard
Het zijn openbare werkers	They are public workers
We zijn lang en sterk	We are tall and strong
Primaire kleur	Primary color
Hij is een bekwaam persoon	He is a capable person
Dieren zijn uniek	Animals are unique
Ik kijk naar het lokale tv-station.	I watch the local TV station.
Dit is veilig	This is safe
Deur	Door

TRAININGSTIJD

Ze is een sterk persoon	She is a strong person
We zijn verschillend	We are different
Zij is je enige zus	She is your only sister
Dat is niet genoeg	That is not enough
De komende weken	The next few weeks
Hij is een professionele acteur	He is a professional actor
Mijn eigen zoon	My own son
Ze is erger dan ik	She is worse than me
Wat is onmogelijk?	What is impossible?
Deze jurk is heel eenvoudig	This dress is very simple
Ik heb mijn eigen hond	I have my own dog
Wij zijn geen professionele acteurs	We are not professional actors
Ze hebben hun eigen feestje	They have their own party
Hij is een slecht persoon	He is a bad person
Ik ben normaal	I am normal

VERHAAL MODUS

ENGELS

"Gustaaf let's play a game called 'objective statements.' The goal of the game is to make a statement using the word 'but' in five seconds, or drink from this bottle. I will start."

"He's sick, but the room is clean."

Ben: "The book is strange but special."

Gustaaf: "The bottle is big, but the price is regular."

Ben: "It's old, but it's free to download."

Gustaaf: "The powder is dark, but pure."

Ben: "Five is the minimum, but I have four."

Gustaaf: "The maps are similar, but I'm lost."

Ben: "These shoes are good but not original."

Gustaaf: "These bags are classic, but not superior."

Ben: "The car is dirty, but it's perfect."

Gustaaf: "It's brilliant, but not famous."

Ben: "It's more difficult, but convenient."

Gustaaf: "My boyfriend is sweet but also terrible."

NEDERLANDS

"Gustaaf laten we een spel spelen met de naam" objectieve uitspraken. "Het doel van het spel is om een verklaring af te leggen met het woord 'maar' in vijf seconden, of drinken uit deze fles. Ik zal beginnen."

"Hij is ziek, maar de kamer is schoon."

Ben: "Het boek is raar maar speciaal."

Gustaaf: "De fles is groot, maar de prijs is normaal."

Ben: "Het is oud, maar het is gratis te downloaden."

Gustaaf: "Het poeder is donker, maar puur."

Ben: "Vijf is het minimum, maar ik heb er vier."

Gustaaf: "De kaarten lijken op elkaar, maar ik ben verdwaald."

Ben: "Deze schoenen zijn goed, maar niet origineel."

Gustaaf: "Deze tassen zijn klassiek, maar niet superieur."

Ben: "De auto is vies, maar het is perfect."

Gustaaf: "Het is briljant, maar niet beroemd."

Ben: "Het is moeilijker, maar handig."

Gustaaf: "Mijn vriend is lief, maar ook verschrikkelijk."

Hoofdstuk Zestien

DETERMINANTEN

Trefwoorden: These, too, this, certain, all, other, each.

Nieuwe	New
Jobs	Jobs
De activiteit	The activity
De mogelijkheid	The possibility
Ze heeft te veel katten	She has too many cats
Alle vrouwen zijn hier	All the women are here
De bij is geen vlinder	The bee is not a butterfly
Dit boek is te duur	This book is too expensive
Deze thee is heerlijk	This tea is delicious
We hebben een rode spiegel	We have a red mirror
Deze tassen zijn rood	These bags are red
Deze wortel is heel zoet	This carrot is very sweet
Deze boeken zijn nieuw	These books are new
Deze auto is als een nieuwe auto	This car is like a new car
Deze twee loodgieters zijn neven en nichten	These two plumbers are cousins
Die persoon is niet mijn echtgenoot	That person is not my husband
Ze is niet geschikt voor die auto	She is not suitable for that car
Het kasteel is wit	The castle is white
Ken je dat hotel?	Do you know that hotel?
Ik ken die vrouwen	I know those women
Koken in het hele dorp	Cooking in the entire village
Ze werkt de hele nacht	She works all night
Ik heb veel olie	I have a lot of oil

Ik heb geen vrienden	I do not have friends
Er zijn veel mensen hier.	There are many people here.

TRAININGSTIJD

Herinner je je die jaren nog?	Do you remember those years?
Hij drinkt elke ochtend een fles melk.	He drinks a bottle of milk every morning.
Ik heb verschillende kranten gelezen.	I have read several newspapers.
Ik vind die telefoons niet leuk.	I don't like those phones.
Die shirts zijn te klein voor hem.	Those shirts are too small for him.
Er zijn een paar overhemden in de kamer.	There are a few shirts in the room.
Er zijn verschillende jongens in het park.	There are several boys in the park.
Elke dag belt elke vrouw	Every day, every woman calls
Er zijn allerlei dieren in de dierentuin.	There are all kinds of animals in the zoo.
Ik wil geen feestje houden voor mijn bruiloft.	I don't want to have a party for my wedding.
De ober werkt in een andere bar	The waiter works in another bar
Sommige dingen veranderen in de loop van de tijd	Some things change over time
Sommige mensen werken niet zoals hij	Some people don't work like him
Ken je een aantal goede winkels?	Do you know some good stores?
Ik werk niet met sommige mensen.	I don't work with some people.

Te veel dingen zijn niet duidelijk	Too many things are not clear
Hij dronk te veel wijn	He drank too much wine
Hij dronk te veel bier	He drank too much beer
Sommige mensen eten geen groenten	Some people don't eat vegetables
We weten veel dingen	We know a lot of things
Er zijn te veel mensen in het park.	There are too many people in the park.
Sommige vrouwen zijn mooier	Some women are more beautiful
We zagen alle dieren in de dierentuin.	We saw all the animals at the zoo.
We hebben miljoenen	We have millions
Het hele gezin werkt op de boerderij	The entire family works on the farm
Ik wil elke soort groenten	I want any kind of vegetables
Elke stoel kan worden genomen	Any seat can be taken
Weet je, ik heb geen familie.	You know, I don't have any family.
Ze hebben nog een zoon	They have another son
Ik hou van hem en mijn familie.	I love him and my family.
Wil je nog een kopje thee?	Do you want another cup of tea?
Deze appels zijn erg groot	These apples are very big
Sommige vrouwen drinken groene thee	Some women drink green tea
Waarom kijken die mannen naar je?	Why are those men looking at you?

TRAININGSTIJD

VERHAAL MODUS

ENGELS

Kevin: "How many windows are there in this house? Everyone says eight years old, but I don't agree."

James: "My bathroom has no windows, so there are seven."

Kevin: "And the house in Valencia? How much?"

James: "Four."

Kevin: "Four? Considering the size of the room, you need a lot of ventilation."

James: "Some windows are expensive, and it is difficult to buy more than 7."

Kevin: "If you have your own mobile phone, you should check some pictures on my website. The price of each picture is less than $70. I think they can be accessed, and the quality is the same as other brands."
searches online

James: "The windows are beautiful, especially the two in the upper left corner. I like these two."

Kevin: "I know you will like it, because I hope that you can be my first customer this month. If you can afford it, I can offer a 5% discount."

NEDERLANDS

Kevin: "Hoeveel ramen zijn er in dit huis? Iedereen zegt acht, maar daar ben ik het niet mee eens."

James: "Mijn badkamer heeft geen ramen, dus er zijn er zeven."

Kevin: "En het huis in Valencia? Hoe veel?"

James: "Vier."

Kevin: "Vier? Gezien de grootte van de kamer, heb je veel ventilatie nodig."

James: "Sommige ramen zijn duur en het is moeilijk om meer dan 7 te kopen."

Kevin: "Als je je eigen mobiele telefoon hebt, moet je een aantal foto's op mijn website bekijken. De prijs van elke foto is minder dan $ 70. Ik denk dat ze toegankelijk zijn en dat de kwaliteit hetzelfde is als bij andere merken."

* online zoeken *

James: "De ramen zijn mooi, vooral de twee in de linkerbovenhoek. Ik vind deze twee leuk."

Kevin: "Ik weet dat je het leuk zult vinden, want ik hoop dat je deze maand mijn eerste klant kunt zijn. Als je het kunt betalen, kan ik 5% korting aanbieden."

Hoofdstuk Zeventien

BIJWOORDEN

Trefwoorden: Much, little, much, above, below.

Oke	Okay
Bijna	Almost
Hij at veel dingen	He ate a lot of things
Je bent zo krachtig	You are so powerful
Waar komen zij vandaan?	Where are they from?
Dit is erg duur	This is very expensive
Ik weet waar hij vandaan komt	I know where he is from
Hoeveel tassen heeft u?	How many bags do you have?
Kom je daar vandaan?	Are you from there?
Het is niet erg duur	It is not very expensive
Ik werk veel deze week.	I work a lot this week.
Ze wonen daar	They live there
We weten heel weinig over hem.	We know very little about him.
De spin zit onder de kaas	The spider is under the cheese
Deze vogel bevindt zich boven de dierentuin	This bird is above the zoo
We zijn buiten het restaurant	We are outside the restaurant
Meer dan tien jaar	More than ten years
Ik wacht buiten	I am waiting outside
De lente komt eraan	Spring is coming
Ze gingen met haar naar binnen	They went in with her
Ze kijkt rond	She looks around
Ik ga uit eten na het eten.	I go out after dinner.

Dan zijn de vrouwen hier.	Then the women are here.

TRAININGSTIJD

Ik ook	Me too
Ik eet wanneer ik wil	I eat when I want
Zaterdag komt vóór zondag	Saturday comes before Sunday
Je eet zoveel mogelijk	You eat as much as possible
Het appartement van de postbode is hier	The postman's apartment is here
Schrijf je vaak brieven aan je ouders?	Do you often write letters to your parents?
De lente komt na de winter	Spring is coming after winter
Je zus is zo mooi als altijd	Your sister is as beautiful as ever
Mijn moeder is beter	My mother is better
Oke, bedankt	Okay thank you
Het spijt me echt	Really sorry
Bedankt, ze zijn erg goed	Thank you, they are very good
Mijn broer drinkt nooit	My brother never drinks
Ik ben erg goed	I'm very good
Ga waar je maar wilt	Go anywhere you want
Niet te zoet	Not too sweet
Zijn ze hier ook?	Are they here too?
Bijna middag	Almost noon
Bent u alleen?	Are you alone?
Ik eet niet te veel	I don't eat too much
Ik ben hier snel.	I am here soon.
dat weet ik niet zeker	I am not sure
Ze wonen hier ook	They also live here
Het is duidelijk dat de vrucht heel zoet is	Obviously, the fruit is very sweet

Waarom zijn ze hier dan?	Then why are they here?

TRAININGSTIJD

Is de loodgieter er nog?	Is the plumber still there?
Dit is absoluut onmogelijk	This is absolutely impossible
Hij is er nog steeds	He is still here
Het is helemaal groen	It is completely green
Tijdig	Timely
Dit paard is nog erg jong	This horse is still very young
Overal is zo	Everywhere is like this
We zijn al in juni	We are already in June
Heb je kinderen?	Do you have children?
Dit is erg interessant	This is very interesting
Maar de datum is niet zeker	But the date is not certain
Ze eten tenminste aan tafel	At least they are eating at the table
Ik eet geen vlees, maar ik eet vis.	I don't eat meat, but I eat fish.
In elk geval is dit niet belangrijk	In any case, this is not important
Al vrijdag?	Already Friday?
Heb een kat	Have a cat
Je bent zoals je moeder	You are like your mother
We vertrekken nu	We are leaving now
Waarom hebben we niet eens een vork?	Why don't we even have a fork?
Ik schrijf elk jaar een boek.	I write a book every year.
Laten we samen gaan?	Let's go together?
Er staat een appel op tafel	There is an apple on the table
Het is maar een muis	It's just a mouse

Ik praat er vooral over.	I mainly talk about them.
Vandaag ben ik er zeker van	Today, I am sure

TRAININGSTIJD

Heel ver	Very far
Doorgaans	Usually
Nee nog niet	No, not yet
Tenslotte	Finally
Tot ziens	See you later
Vaarwel	Goodbye
Natuurlijk is hij het echt.	Of course, it is really him.
Ik ben er zeker van	I am sure
Misschien maart, maar niet april	Maybe March, but not April
Misschien zijn het chocoladekoekjes	Maybe it's Chocolate chip cookies
Misschien gaat ze eten koken	Maybe she will cook dinner
Misschien is dit waar	Maybe this is true
Zij is daar	She is there
Over het algemeen is het wit	Generally, it is white
U schrijft specifiek voor ons	You write for us specifically
Eindelijk is het vrijdag.	Finally, it is Friday.
Heb je veel geslapen?	Have you slept a lot?
Je bent heel mooi	You are very beautiful
Mijn zus drinkt nooit	My sister never drinks
Dit is volkomen normaal	This is completely normal
Ik heb alleen een paar schoenen	I only have a pair of shoes
Ze loopt rond	She is walking around
Hij sprak heel goed	He spoke very well

Mijn broer drinkt nooit	My brother never drinks
Dit is heel anders!	This is totally different!

TRAININGSTIJD

Helemaal	Completely
Ongetwijfeld	Undoubtedly
Precies!	Exactly!
Ik zwem nooit	I never swim
Je bent echt een goed persoon.	You are really a good person.
Ja, ik zal onmiddellijk gaan	Yes, I will go immediately
Misschien is dit te veel	Maybe this is too much
Nogmaals, tot ziens	Again, goodbye
Hij is misschien vandaag aangekomen.	He may have arrived today.
Onder de tafel	Under the table
We gaan verder	We move on
Je bent bijna mijn broer	You are almost my brother
Nogmaals bedankt, dokter	Again, thank you, doctor
Misschien is dit mogelijk	Maybe this is possible
Mijn kat slaapt onder de bank	My cat is sleeping under the sofa
Het varken staat onder de tafel	The pig is under the table
Ze zijn even verantwoordelijk	They are equally responsible
Ze komen meteen aan	They arrive right away
Hij eet alleen pasta	He only eats pasta
Dit is heel goed mogelijk	This is entirely possible
Ze eet voornamelijk suiker	She mainly eats sugar

Hij is een andere persoon	He is another person
Ja, onlangs	Yes, recently
Het is helemaal groen	It is completely green
Ze eet alleen fruit	She only eats fruit

TRAININGSTIJD

We zijn hier	We are here
Het is voornamelijk suiker	It is mainly sugar
Je bent volledig capabel	You are fully capable
We hebben onlangs gepraat	We have talked recently
Jong, natuurlijk	Young, natural
We drinken erg snel	We drink very quickly
Dit moet mijn olifant zijn	This must be my elephant
Een paard loopt erg snel	A horse runs very fast
Wat zijn ze precies?	What exactly are they?
Ik ben absoluut zeker	I am absolutely sure
Ja, je bent beslist beter.	Yes, you are definitely better.
Juice, natuurlijk	Juice, of course
Woensdag, meestal	Wednesday, usually
Hij loopt heel langzaam	He walks very slowly
Onnodig	Unnecessary
Ze is gemakkelijk te lezen	She is easy to read
Kan slechter zijn	May be worse
Zijn zoon spreekt nauwelijks	His son barely speaks
Dit is relatief nieuw	This is relatively new
Hij eet langzaam	He eats slowly
Meestal duurt het jaren	Usually, it takes years
De afgelopen week	The past week

TRAININGSTIJD

VERHAAL MODUS

ENGELS

"Finally, will you come to the club on Friday?" said Katrina. "Possibly." James replied.

"If you don't go, you will miss out. There will be drinks and celebrities."

"It all depends on my sister. If she leaves, I will leave. Before that, I have not decided yet." James replied.

"You have to decide now; the VIP part is one of the best in the world." Katrina continued.

"I am still hesitating." James said.

"If you finally change your mind, it may be too late, and you will never have the chance to see your favorite artist again." said Katrina.

NEDERLANDS

"Eindelijk, kom je vrijdag naar de club?" Zei Katrina.

"Mogelijk." Antwoordde James.

"Als je niet naar binnen gaat, zal je het missen. Er zullen drankjes en beroemdheden zijn."

"Het hangt allemaal af van mijn zus. Als ze weggaat, ga ik weg. Daarvoor heb ik nog niet besloten." Antwoordde James.

"Je moet nu beslissen; het VIP-gedeelte is een van de beste delen van de wereld." vervolgde Katrina.

"Ik aarzel nog steeds." Zei James.

"Als je uiteindelijk van gedachten verandert, is het misschien te laat en krijg je nooit meer de kans je favoriete artiest te zien", zei Katrina.

Hoofdstuk Achttien

OBJECTEN

Trefwoorden: Car, machine, box, comb, wheel, ball, glasses.

Motor	Motor
Pen	Pen
Kaart	Map
Fles	Bottle
Computer	Computer
Trein	Train
Fiets	Bicycle
Bal	Ball
Sleutel	Key
Een auto	A car
Het stuk	The piece
Radio	Radio
Dat vliegtuig	That plane
Camera	Camera
Accu	Battery
Rugzak	Backpack
Schaar	Scissors
Kaart	Card
Dit schip	This ship
Voet	Foot
Ik wil veel dingen	I want a lot of things
Dit is een oud ding	This is an old thing
Ik heb een auto	I have a car
Grote munt	Big coin
Mijn mobiel	My cell phone

TRAININGSTIJD

De sleutel	The key
Geld	Money
Het tijdschrift	The magazine
Krant	Newspaper
De bel	The bell
Kop	Cup
Geest	Mind
De brug	The bridge
Goud	Gold
Keten	Chain
Papier	Paper
De dollar	The dollar
Deze dingen	These things
De film	The film
Het document	The document
Mobiele telefoon	Mobile phone
Scherm	Screen
Houd je een dagboek bij?	Do you keep a diary?
Heb je nog steeds een penseel?	Do you still have a brush?
Ik heb ook een dagboek.	I also have a diary.
Hebben ze een computer?	Do they have a computer?
De kam van het meisje	The girl's comb
Ik heb al een envelop	I already have an envelope
De doos wordt op de tafel geplaatst	The box is placed on the table
We hebben een doos met cookies	We have a box of cookies

TRAININGSTIJD

Munt	Coin
Vlag	Flag
Bill	Bill
Auto	Car
Wiel	Wheel
Arms	Arms
Borstel	Brush
Envelop	Envelope
Kam	Comb
Dagboek	Diary
Foto	Photo
De armen	The arms
De afbeelding	The image
Blad	Leaf
Hij wil een rode bril	He wants some red glasses
We hebben nieuwe fans in de zomer.	We have new fans in the summer.
Hij is gezond	He is in good health
Ik heb het perfecte cadeau	I have the perfect gift
Dit is een klein stukje	This is a small piece
Ik zag een toetsenbord	I saw a keyboard
Vandaag heb ik de vergunning.	Today, I got the license.
Ik wil een cadeau	I want a gift
Ik kan mijn rijbewijs niet vinden.	I can't find my license.
Mijn vader heeft een fluit en een viool.	My father has a flute and a violin.
Ze zei altijd hetzelfde	She always said the same thing

TRAININGSTIJD

Motor	Engine
Alcohol	Alcohol
Handtas	Handbag
Onze fles	Our bottle
De rand	The edge
Het goud is van mij!	The gold is mine!
Ik schrijf op wit papier	I am writing on white paper
Ik heb een wiel en een motor	I have a wheel and an engine
Je hebt nooit tijd om belangrijke dingen te doen	You never have time to do important things
Dit is een blanco vel papier	This is a blank sheet of paper
De auto is leeg	The car is out of oil
Ik wil een batterij kopen voor mijn auto.	I want to buy a battery for my car.
Wie heeft dit instrument?	Who has this instrument?
Dit schip is erg oud	This ship is very old
De auto van mijn neef is erg nieuw.	My cousin's car is very new.
We hebben een auto	We have a car
De kapitein heeft het over het schip.	The captain is talking about the ship.
Dit is mijn auto	This is my car
Ik heb een code	I have a code
Ben je een machine?	Are you a machine?
Dit is een kolom	This is a column
We lezen de krant nu	We read the newspaper now
Hij leest altijd een tijdschrift	He always reads a magazine
Deze meid heeft veel pagina's geschreven	This girl wrote a lot of pages
Ze heeft een deel van de koelkast nodig	She needs a part of the refrigerator

TRAININGSTIJD

De batterij	The battery
Ze heeft een winkelketen	She has a chain store
Ze heeft een paar blauwe ogen	She has a pair of blue eyes
We lezen de krant	We read the newspaper
Wat is het voorwerp in de schaal?	What is the object in the bowl?
Haar kleding is uniek	Her clothes are unique
Dit is altijd goed	This is always a good thing
Hij heeft een beetje geld	He has a little money
Heeft ze papier?	Does she have paper?
Ik heb een bal	I have a ball
Ik heb een auto	I have a car
Julio zet boter op zijn voeten	Julio puts butter on his feet
Mijn koffer is geel	My suitcase is yellow
Ik heb tekst	I have text
Tv is duur	TV is expensive
Het horloge is een object	The watch is an object
Hij drinkt in de middag	He drinks in the afternoon
Hij gaf het geld aan de mannen	He gave the money to the men
De kat slaapt op de top van de hond	The cat sleeps on the top of the dog
Hij produceert dure items	He produces expensive items
Ze betaalden een dollar	They paid a dollar
Hondenvoer is duur	Dog food is expensive
Heb je een mobiele telefoon?	Do you have a cell phone?

De koffer van mijn zus is erg groot.	My sister's suitcase is very big.
Heb je een munt?	Do you have a coin?

TRAININGSTIJD

Foto	Photo
Scherm	Screen
Oog	Eye
Hoofd	Head
Vlag	Flag
Bron	Source
Motor	Engine
Arms	Arms
Wiel	Wheel
Poeder	Powder
Machine	Machine
Fragment	Fragment
Doos	Box
Fles	Bottle
Ik heb een batterij nodig	I need a battery
Ik vind dat ding niet leuk.	I don't like that thing.
De advocaat publiceerde een paper	The lawyer published a paper
Wie heeft het bestand?	Who has the file?
Wie is er nog meer aan boord?	Who else is on board?
Heb je een camera?	Do you have a camera?
Mijn boot is blauw	My boat is blue
Heb je een horloge?	Do you have a watch?
De krant is recent	The newspaper is recent
Dit bestand heeft veel pagina's	This file has many pages
Ik wil een broodje kaas en een glas water.	I want a cheese sandwich and a glass of water.

TRAININGSTIJD

Vrede	Peace
Afdeling	Department
Beweging	Movement
Deze enquête	This survey
Capaciteit	Capacity
Noodzaak	Necessity
Effect	Effect
Code	Code
Ik betaal met een kaart	I pay by card
Dit is de bron van geld	This is the source of money
Heb je een pen?	Do you have a pen?
Dit is de bel	This is the bell
Een groot object	A large object
Het is geen klok	It is not a clock
Ik heb een Engels tijdschrift nodig.	I need an English magazine.
Persoonlijke spullen	Personal items
Dit is de dollar	This is the dollar
Dit is mijn auto	This is my car
Gaat hij met de bus naar het werk?	Does he go to work by bus?
We hebben fietsen	We have bicycles
De kolonel heeft een bom	The colonel has a bomb
Ik heb een pen	I have a pen
Groot display	Large display
Dit is een fles met notities	This is a bottle with notes
Bier is voor boeren	Beer is for farmers

TRAININGSTIJD

De armen	The arms
De ruggengraat	The spine
Ben je een machine?	Are you a machine?
Ze voldoet aan de regels	She obeys the rules
Zij is erg slim	She is very smart
De auteur heeft de motor gelezen	The author has read the motor
Dit is een slechte zaak	This is a bad thing
De wielen zijn wit	The wheels are white
De bom is verschrikkelijk	The bomb is terrible
Hij heeft een auto	He has a car
Welke schoen past bij jou?	Which shoe is right for you?
Ze heeft je een krant laten zien	She showed you a newspaper
Ik kom later naar je toe.	I will come to see you later.
Hij is me gevolgd	He followed me
Ik wil je	I want you
Je hebt een appel gegeten	You ate an apple
Deze schoenen zijn niet voor mij.	These shoes are not for me.
Volg me	You follow me
Hij kijkt je aan	He looks at you
We aten een sinaasappel	We ate an orange
Je praat tegen ze	You talk to them
Ze zijn slim, toch?	They are smart, aren't they?
Mijn schoenen zijn duur	My shoes are expensive
Ze geeft ons de schuld	She blames us
De lamp is duur	The lamp is expensive

TRAININGSTIJD

VERHAAL MODUS

ENGELS

Leon: "Today we will learn about objects from the pictures on the board. From left to right, each of you will name seven objects on the board and discuss their use.

Maarten! Let's start with you. Please start."

Maarten: "Apple, ball, battery, bicycle, clock, bottle, box."

Lars: "calendar, camera, car, mobile phone, clock, computer, mug."

Justine: "Dollars, flags, houses, keys, maps, paper, pens."

Julia: "Image, radio, scissors, boat, suitcase, train, wheels."

NEDERLANDS

Leon: "Vandaag leren we over objecten van de afbeeldingen op het bord. Van links naar rechts, elk van jullie noemt zeven voorwerpen op het bord en bespreekt het gebruik ervan.

Maarten! Laten we bij jou beginnen. Start alsjeblieft."

Maarten: "Apple, bal, batterij, fiets, klok, fles, doos."

Lars: "Kalender, camera, auto, mobiele telefoon, klok, computer, mok."

Justine: "Dollars, vlaggen, huizen, sleutels, kaarten, papier, pennen."

Julia: "Beeld, radio, schaar, boot, koffer, trein, wielen."

Hoofdstuk Negentien

PLAATSEN

Trefwoorden : Province, bookstore, theater, palace, bridge, corner, park, supermarket, place, prison.

Hotel	**Hotel**
Restaurant	**Restaurant**
Familie	**Family**
School	**School**
Bibliotheek	**Library**
De luchthaven	**The airport**
De berg	**The mountain**
Website	**Website**
De brug	**The bridge**
Hoek	**Corner**
Centrum	**Center**
Veld	**Field**
Bank	**Bank**
Kerk	**Church**
Kasteel	**Castle**
Markt	**Market**
Het plein	**The square**
Dit gebied	**This area**
Theater	**Theater**
De bar	**The bar**
Binnenplaats	**Courtyard**
Het gebied	**The area**
Het kantoor	**The office**
Het gebouw	**The building**

TRAININGSTIJD

Gevangenis	Prison
Park	Park
Museum	Museum
Klein eiland	Small island
Tuin	Garden
Gemeente	Municipality
Laan	Avenue
Salon	Lounge
Residentie	Residence
Koffie	Coffee
Kleine stad	Small town
Weg	Road
Strand	Beach
Hoofdstad	Capital
Rechtbank	Court
Ik zag het kasteel	I saw the castle
Zijn we in hetzelfde hotel?	Are we at the same hotel?
Wie ging de boekhandel binnen?	Who entered the bookstore?
Onze bakkerij is klein	Our bakery is small
Het gebouw is enorm	The building is huge
Ze koopt brood bij de bakker	She buys bread from the bakery
Waar is de boekenwinkel?	Where is the bookstore?
Welke boekhandel verkoopt zijn boek?	Which bookstore sells his book?
Het nieuwe gebouw is erg groot	The new building is very large
Vanaf het dak zagen we Het kasteel	From the roof we saw the castle

TRAININGSTIJD

Mijn vader heeft een bar	My father has a bar
Dit is een bergstad	This is a mountain city

Deze familie werkt in de velden	This family works in the fields
'S Avonds gingen we naar de bar op de hoek	In the evening, we went to the bar at the corner
Ik ken de stad heel goed	I know the city very well
Ze rent in het veld	She is running in the field
De keuken bevindt zich in het midden van het huis	The kitchen is in the center of the house
We leven in een groot gebied	We live in a large area
Waar is mijn locatie?	Where is my location?
Zie je de ingang van het park?	Do you see the entrance to the park?
Welke plaats wil je?	Which place do you want?
Ik ging naar jouw plaats	I went to your place
Ze zijn in het stadion	They are at the stadium
Het hele gebied	The entire area
Wat is de naam van de internationale gemeenschap?	What is the name of the international community?
De nieuwe supermarkt is hier	The new supermarket is here
Morgen ga ik naar het dorp	Tomorrow, I am going to the village
Het theater is erg groot	The theater is very big
Welke straat leidt naar de stad?	Which street leads to the city?
Deze steden zijn anders	These towns are different
Ik ga naar een straat	I am going to a street
We kwamen aan vanaf het station	We arrived from the station
Hij werkt in een winkel	He works in a store

TRAININGSTIJD

Het plein	The square
Slaapkamer	Bedroom
Haven	Port
Klein eiland	Small island
Nabijgelegen	Nearby
De provincie	The province
Toren	Tower
Familie	Family
Weg	Road
De bibliotheek	The library
Stadion	Stadium
Straat	Street
Theater	Theater
Station	Station
Stad	City
We leven in de bergen van de buren	We live in the mountains of the neighbors
Hij heeft een oud uniform van een trein conducteur	He has an old train conductor uniform
We zagen het paleis vanavond	We saw the palace tonight
De naburige vrouwen zijn erg mooi	The neighboring women are very beautiful
Vandaag eten we in het paleis	Today, we are eating in the palace
Feest bij mijn huis	Party near my home
Hij woont in een belangrijk paleis	He lives in an important palace
Het is de stad van de kerk	It is the city of the church
Ben eet in het restaurant	Ben eats at the restaurant
Hij wil land	He wants land

TRAININGSTIJD

Kolonie	Colony
Galerij	Gallery
Het vasteland	The mainland
Hij bezocht de instelling	He visited the institution
Dit is mijn gebied	This is my area
Welkom in mijn restaurant	Welcome to my restaurant
Welkom in het hotel	Welcome to the hotel
Jo loopt op het strand	Jo walks on the beach
Marco is in de tuin	Marco is in the yard
Ben in de tuin	Ben in the garden
Waar is de trein naar het Tiananmen-plein?	Where is the train to Tiananmen Square?
Ik heb een huis in elk land	I have a house in every country
Deze plaats lijkt erg groot	This place seems very big
Dit is zijn gebied	This is his area
Ik ben in deze stad	I am in this city
Mijn huis heeft geen dak	My house has no roof
De stad is niet goed	The city is not good
Deze plaatsen zijn klein	These places are small
Geweldig gebouw	Great building
Marco speelt in het park	Marco plays in the park
Waar is het museum?	Where is the museum?
Dit is een belangrijke manier	This is an important way
Afrika is geen land	Africa is not a country
We liepen op het plein	We walked on the square
Het plein is erg mooi	The square is very beautiful

TRAININGSTIJD

Land	Country
Deze gebieden	These areas
Terrein	Terrain
Mijn oom heeft een huis in Italië.	My uncle has a house in Italy.
De gemeenschap spreekt Engels	The community speaks English
Ze ging naar de universiteit	She went to college
Ze weet veel over de bank	She knows a lot about the bank
We hebben over deze gebieden gesproken	We talked about these areas
Wij zijn een enorme gemeenschap	We are a huge community
We lopen langs de kant van de weg	We are walking on the side of the road
De bank is wit	The bank is white
Dit is een heel goed ziekenhuis	This is a very good hospital
Aan de kust	On the coast
Dit is een belangrijke poort	This is an important port
Mijn zus ging naar het instituut	My sister went to the institute
Het is de beste instelling in het land	It is the best institution in the country
Deze kamers zijn zeer ruim	These rooms are very spacious
Deze instellingen vertrouwen op ons	These institutions rely on us
Dit is een groot territorium	This is a big territory
Je huis is een paleis	Your house is a palace

TRAININGSTIJD

VERHAAL MODUS

ENGELS

Angelo: "Before I go home, I need a new place to relax. Do you have any suggestions?"

Marco: "This is not a problem. There are many places in the city, some of which include museums, art galleries, state libraries, shopping centers and many bars and restaurants. If you like nature, you can go to the national park."

Angelo: "Where is it?"

Marco: "It's just around the cooking school and airport in the sixth district. A few blocks west of the university gate and hospital building."

Angelo: "I need a place close to my home. This distance is too far for me."

Marco: "Or, you can visit Tokugawa Castle. It is in a quiet area not far from the office, or even the Tokugawa Resort owned by the Tokugawa family. It also has a bar and a small private beach."

Angelo: "How do I get there?"

Marco: "It is close to Shinjuku Station, the second street behind the Urban Development Institute."

NEDERLANDS

Angelo: "Voordat ik naar huis ga, heb ik een nieuwe plek nodig om te ontspannen. Heb je enkele voorstellen?"

Marco: "Dit is geen probleem. Er zijn veel plaatsen in de stad, waarvan sommige musea, kunstgalerijen, staatsbibliotheken, winkelcentra en vele bars en restaurants omvatten.

Als je van de natuur houdt, kun je naar het nationale park gaan."

Angelo: "Wàar is het?"

Marco: "Het is net om de kookschool en het vliegveld in het zesde district. Een paar straten ten westen van de universiteitspoort en het ziekenhuisgebouw."

Angelo: "Ik heb een plek dicht bij mijn huis nodig. Deze afstand is te ver voor mij."

Marco: "Of je kunt Tokugawa Castle bezoeken. Het ligt in een rustige omgeving niet ver van het kantoor, of zelfs het Tokugawa-resort van de familie Tokugawa. Het heeft ook een bar en een klein privéstrand."

Angelo: "Hoe kom ik daar?"

Marco: "Het ligt dicht bij station Shinjuku, de tweede straat achter het Urban Development Institute."

Hoofdstuk Twintig

MENSEN

Trefwoorden: Adult, children, humans, people, person.

Mensen	People
Deze dame	This lady
Koningin	Queen
De burger	The citizen
Buurman	Neighbor
Naief	Naive
Slachtoffer	Victim
Gevangene	Prisoner
Persoonlijk	Personal
Collega	Colleague
We hebben een groep vrienden	We have a group of friends
Wat geven we aan volwassenen en kinderen?	What do we give to adults and children?
Ik hou van mijn verloofde	I love my fiance
Ze zijn dezelfde leeftijd	They are the same age
Mijn kinderen zijn erg lang thuis	My children are very tall at home
Het publiek wacht op het antwoord	The crowd waits for the answer
Wij zijn individuen	We are individuals
Je bent nu een volwassene	You are an adult now
De volgende kop koffie is van jou	The next cup of coffee is yours
Ik ben geen gast	I am not a guest
Hij is mijn partner	He is my partner
De politie zoekt naar een gevaarlijk persoon	The police search for a dangerous person
Een beroemde bruiloft wordt volgende week gehouden	A famous wedding will be held next week

Wij zijn de volgende	We are next
De unie is erg groot	The union is very big

TRAININGSTIJD

Mijn zoon is nog maar een tiener	My son is just a teenager
De stad heeft een grote bevolking	The city has a large population
Wie is de volgende?	Who is next?
Ik ben een kind	I am a child
Zij is niet mijn verloofde!	She is not my fiancee!
Wat denken mensen?	What do people think?
Het publiek luisterde naar zijn antwoord	The public listened to his answer
Een nieuwe generatie van begrip	A new generation of understanding
Ik ben geen gewoon persoon	I am not an ordinary person
Ze is sterk van karakter	She is strong in character
Welterusten, heren en dames.	Good night, gentlemen and ladies.
Zijn vader ontmoette de bruid	His father met the bride
Wij zijn geen collega's	We are not colleagues
Wij zijn geen burgers	We are not citizens
Ik heb een speciale relatie met mijn tante	I have a special relationship with my aunt
Zij is onze buurman	She is our neighbor
Vrouwen zijn niet altijd dames	Women are not always ladies
Je vrouw is Italiaans	Your wife is Italian
Wat is een revolutie?	What is a revolution?
Ik heb een vriendin	I have a girlfriend
Zij is een persoon	She is a person
Dit is mijn cultuur	This is my culture

Wij zijn goede mensen	We are good people
Hij ging naar de vakbond	He went to the union
De mensheid is uniek	Humanity is unique

TRAININGSTIJD

Boer	Farmer
Inwoner	Citizen
Mijn teamgenoot	My teammate
De jongens trainen in het stadion	The boys train in the stadium
Ze heeft geen vijanden	She has no enemies
Het kind drinkt druivensap	The child drinks grape juice
Wie is een tiener?	Who is a teenager?
Deze dame is verantwoordelijk	This lady is responsible
Ze is een vrouw met karakter	She is a woman with character
Het publiek hoorde	The audience heard
Je zus is mijn bruid	Your sister is my bride
Mensen eten vlees	Humans eat meat
De menigte luisterde naar de standpunten van de koning	The crowd listened to the views of the king
Je hebt goede gewoonten	You have good customs
Wanneer is de bruiloft?	When is the wedding?
Wat is een burger?	What is a citizen?
Gasten werken ook	Guests also work
Nicki is een persoon	Nicki is a person
Mensen kijken	People watch
Je hebt geen cultuur	You have no culture
Zij zijn goede mensen	They are good people
De hond is de beste vriend van de mens	The dog is man's best friend
Zijn we een paar?	Are we a pair?

Hij kent zijn leeftijd niet	He doesn't know his age
Wat een goede gewoonte	What a good habit

TRAININGSTIJD

Het team bezocht het ziekenhuis	The team visited the hospital
Het zijn nieuwe buren	They are new neighbors
De revolutie begint nu!	The revolution is now beginning!
Hij is een collega van mijn werk.	He is a colleague of my work.
Hij is een van mijn buren	He is one of my neighbors
We werken hard	We work hard
De kat is een heel goed dier	The cat is a very good animal
Mijn oom schreef een artikel over reizen.	My uncle wrote an article about travel.
De ouderen zijn erg belangrijk	The elderly are very important
Nee, hij is niet mijn vriendje.	No, he is not my boyfriend.
Ze is een heel interessant persoon	She is a very interesting person
Voor de algemene bevolking	For the general population
Hij is mijn kamergenoot	He is my roommate
Het zijn kleine volwassenen	They are small adults
Ben je een slachtoffer?	Are you a victim?
Dit is een persoon	This is an individual
Je bent al een volwassene	You are already an adult
Ze kijkt naar de meisjes	She looks at the girls

Dit is niet goed voor mensen	This is not good for humans
Ik ook niet	Neither do I
Heb je een vijand?	Do you have an enemy?
Ze bestuderen het toerisme	They study tourism
Het zijn officieren	They are officers
Ik heb een vijand	I have an enemy

TRAININGSTIJD

We hebben een associatie	We have an association
Bovendien hebben we geen getuigen	In addition, we have no witnesses
Hij zal altijd een heer zijn	He will always be a gentleman
Mijn neef ging naar de kermis.	My cousin went to the fair.
Ik wil geen wijn, maar Ik wil water drinken.	I don't want wine, but I want to drink water.
Ik ben een ooggetuige	I am an eyewitness
Waarom leren jonge mensen niet?	Why don't young people learn?
Dit is geen goed huwelijk	This is not a good marriage
Ik betaal niet voor mijn vriend.	I don't pay for my friend.
Wij zijn de slachtoffers hier	We are the victims here
Mijn partner heeft het toegestaan	My partner allowed it
De dokter zal de resultaten morgen ontvangen	The doctor will receive the results tomorrow
De leraar las een boek voor ons.	The teacher read a book for us.

Hij behandelt zijn personeel heel goed	He treats his staff very well
We hebben drie verschillende plaatsen	We have three different places
Mijn vader houdt heel veel van haar.	My father loves her very much.
Het maatschappelijk middenveld is erg belangrijk	Civil society is very important

TRAININGSTIJD

VERHAAL MODUS

ENGELS

Reporter: "There are so many people at this year's carnival. I have seen my neighbor and a colleague with a flag. Let me go to the peasant area and talk to some people there."

"Hello everyone, welcome to the 24th Green Carnival, how are you today?"

Visitor 1: "We are doing very well; we are enjoying this exhibition."

Reporter: "I am very happy to know that I can ask you about your clothing? What is the theme?"

Visitor 1: "We are Portuguese citizens, a country with a population of 11 million, and we have a unique culture. In answering your second question, our theme this year is "humanity tourism."

Visitor 2: "We have all witnessed the destructive power of the hurricane, so we decided to help raise awareness and make donations for the victims."

NEDERLANDS

Reporter: "Er zijn zoveel mensen op het carnaval van dit jaar. Ik heb mijn buurman en een collega met een vlag gezien. Laat me naar het boerengebied gaan en met sommige mensen daar praten."

"Hallo iedereen, welkom bij het 24e Groene Carnaval, hoe gaat het met je vandaag?"

Toerist 1: "Het gaat heel goed met ons; we genieten van deze tentoonstelling."

Reporter: "Ik ben heel blij om te weten dat ik je kan vragen naar je kleding? Wat is het thema?"

Toerist 1: "Wij zijn Portugese burgers, een land met een bevolking van 11 miljoen mensen, en we hebben een unieke cultuur. Bij het beantwoorden van uw tweede vraag is ons thema dit jaar 'mensheidstoerisme'."

Toerist 2: "We zijn allemaal getuige geweest van de destructieve kracht van de orkaan, dus hebben we besloten het bewustzijn te vergroten en donaties te doen voor de slachtoffers."

Hoofdstuk Eenentwintig

GETALLEN

Trefwoorden: Number, one, two, three, four, five, six, seven, eight, nine, ten, eleven, hundred.

Een	One
Twee	Two
Drie	Three
Vier	Four
Vijf	Five
Zes	Six
Zeven	Seven
Acht	Eight
Negen	Nine
Tien	Ten
Elf	Eleven
Twaalf	Twelve
Dertien	Thirteen
Veertien	Fourteen
Vijftien	Fifteen
Zestien	Sixteen
Zeventien	Seventeen
Achttien	Eighteen
Negentien	Nineteen
Twintig	Twenty
Eenentwintig	Twenty-one
Honderd	One hundred
Vijfde pagina	Fifth page
We hebben acht pagina's	We have eight pages
Ik heb vier dollar.	I have four dollars.

TRAININGSTIJD

Twintig	Twenty
Dertig	Thirty
Veertig	Forty
Wie is de nummer één?	Who is the number one?
Het derde is het priemgetal	The third is the prime number
Zijn tante heeft drie katten	His aunt has three cats
Zij is mijn derde vriendin	She is my third girlfriend
Ik zal wachten.	I will wait.
Hij is haar eerste kind	He is her first child
Het station ligt hier twee meter vandaan.	The station is two meters away from here.
Je wilt geen tweede schaal rijst	You don't want the second bowl of rice
Zijn eerste roze shirt	His first pink shirt
Hij is de zesde van zeven kinderen	He is the sixth of seven children
Recepten voor zes personen	Recipes for six people
Hij kwam hier om zes uur in plaats van ervoor	He came here at six o'clock instead of before
Het vierde gerecht is geschikt voor hem.	The fourth dish is suitable for him.
Wat eten vier vriendjes?	What do four boyfriends eat?
Dank u zeer!	Thank you very much!
Vijftig of veertig?	Fifty or forty?
Ik heb achttien paarden.	I have eighteen horses.
Van nul tot tien	From zero to ten
Hij is de negende jongen in deze familie.	He is the ninth boy in this family.
Mijn zoon is tien jaar oud.	My son is ten years old.

Wij zijn elf mensen	We are eleven people
Hij heeft twaalf zonen	He has twelve sons

TRAININGSTIJD

Voor de helft	Half
Meter	Meter
ik heb wat geld	I have some money
Hij heeft acht kleinkinderen.	He has eight grandchildren.
Ik heb dertien katten	I have thirteen cats
Veertien neven en nichten	Fourteen cousins
Ik was vijftien jaar oud	I was fifteen years old
De volgende twaalf uur	The next twelve hours
Waarom ben je niet naar onze zesde verjaardag gekomen?	Why didn't you come to our sixth birthday?
Is er een tafel voor vijf personen?	Is there a table for five people?
We hebben in totaal acht	We have a total of eight
We bereikten de tiende plaats	We reached the tenth place
Tien minuten	Ten minutes
Grote hoeveelheid	High quantity
Hij is pas zeventien jaar oud	He is only seventeen years old
Ik studeer van acht tot elf uur	I am studying from eight to eleven
Ik drink thee rond drie uur in de middag.	I drink tea around three in the afternoon.
Twaalf jaar oud, een hond is oud	Twelve years old, a dog is old
Ik heb veertien witte overhemden.	I have fourteen white shirts.
Ik sliep om elf uur.	I slept at eleven o'clock.

We hebben twintig paarden	We have twenty horses
Ze hebben wat appels gegeten	They ate some apples
Een zesde is drie	One sixth is three
Het is half elf	It's half past ten
De vijfde brug leidt naar het museum	The fifth bridge leads to the museum

TRAININGSTIJD

Miljoen	Million
Vier mensen	Four people
Een paar schoenen	A pair of shoes
Eenenzeventig wortels	Seventy-one carrots
Dit is een miljoen dollar	This is one million dollars
Mijn tante is ongeveer veertig jaar oud.	My aunt is about forty years old.
Ik ben in de jaren tachtig	I am in the 1980's.
Ik lees voor negentig minuten.	I read for ninety minutes.
De cake wordt gedurende zestig minuten in de oven bewaard	The cake is kept in the oven for sixty minutes
Een meter	One meter
Derde	Third
Vandaag is de derde dag	Today is the third day
Dit is de helft van jou	This is half of you
Momenteel staat hij op de achtste plaats	Currently, he is ranked eighth
We hebben ongeveer zestig jaar gewacht.	We have been waiting for about sixty years.
Ik ben bijna zeventig jaar oud.	I am almost seventy years old.
Zeventig mannen eten kip	Seventy men eat chicken

Hij herinnert zich de jaren zeventig	He remembers the seventies
Volgende week is mijn laatste week.	Next week is my last week.
Ik heb geen antwoorden.	I don't have any answers.
Het museum is om negen uur open	The museum is open at nine
Ze eisen minstens een miljoen	They demand at least one million
Vijf meter	Five meters
Duizenden kilometers	Thousands of kilometers
Zeven is haar nummer	Seven is her number

TRAININGSTIJD

Honderd van hen zijn erg goed	One hundred of them are very good
Vijf leraren	Five teachers
Je hebt duizend vrienden	You have a thousand friends
Hij is twee keer zo oud als ik	He is twice my age
Er zijn veel mensen hier.	There are many people here.
Hoeveel ben je groter dan hij?	How much are you bigger than him?
De auto van mijn oom is klein	My uncle's car is small
Tien min vier is zes	Ten minus four equals six
Zijn broer is minder dan vijf	His brother is less than five
We hebben genoeg tijd	We have enough time
Ze kocht een paar kleren	She bought a few clothes
Waarom gaan veel mensen dood?	Why do many people die?

We aten de helft van het brood	We ate half of the bread
Hij at veel vis	He ate a lot of fish
Zijn schoenen zijn blauw	His shoes are blue
Ik ga om negen uur eten.	I have dinner at nine.
Nu is ze achttien jaar oud.	Now she is eighteen years old.
Heb je iets groters?	Do you have something bigger?
De zevende dag van de week is zaterdag	The seventh day of the week is Saturday
De vijfde zondag van de maand	The fifth Sunday of the month
Vijf witte auto's	Five white cars
De chef-kok heeft veertig kilo vlees	The chef has forty kilograms of meat
Haar negende reis naar de supermarkt	Her ninth trip to the supermarket
Dertig jaar later zijn we in dezelfde stad	Thirty years later we are in the same city
Twintig families wonen hier	Twenty families live here
Zesendertig soorten sinaasappelen uit Azië	Thirty-six kinds of oranges from Asia
Maria heeft vierenveertig pinguïns	Maria has forty-four penguins
Vijfendertig mensen uit Italië	Thirty-five people from Italy
Han heeft drieënveertig dieren	Han has forty-three animals
Deze man is zestig jaar oud.	This man is sixty years old.
Mijn vriendin is negentien jaar oud	My girlfriend is nineteen years old
Vanavond staat hij op de zevende plaats.	Tonight, he is ranked seventh.
Ik drink 's middags een beetje koffie.	I have a little coffee in the afternoon.

Mijn zoon is zestien	My son is sixteen
Ze heeft tweeduizend boeken	She has two thousand books
Dit is een goed paar schoenen	This is a good pair of shoes
De stad heeft een bevolking van twee miljoen	The city has a population of two million

TRAININGSTIJD

VERHAAL MODUS

ENGELS

"Can you remember what we learned yesterday, Otto?" said Markus.
"If you can, half of my work will end. If you can't, you should work harder if you want to pass the exam."
"Yes, I can." Otto said.
"Great! Let's continue."
"Two plus two is four, three plus one is four, one plus three equals four, eight divided by two equals four."
"Very good, let us pay more attention to them now, starting with the sixth. Can you tell me about the sixth?" Markus said.
"Six plus one equals seven, six plus three equals nine, six plus four equals ten, seven plus six equals thirteen, six plus six equals twelve, six plus four equals ten."
"Good job Otto. Now answer these questions. If I have 14 fans on Snapchat, and you have fifteen, what is the sum of these two fans?"
"Twenty-nine fans," Otto replied.

NEDERLANDS

"Kun je je herinneren wat we gisteren hebben geleerd, Otto?" Vroeg Markus.

"Als je kunt, zal de helft van mijn werk eindigen. Als je dat niet kunt, moet je harder werken als je het examen wilt halen."

"Ja, dat kan ik." Zei Otto.

"Super goed! Laten we doorgaan."

"Twee plus twee is vier, drie plus één is vier, één plus drie is vier, acht gedeeld door twee is vier."

"Heel goed, laten we nu meer aandacht aan hen besteden, te beginnen met de zesde. Kun je me over de zesde vertellen?" Zei Markus.

"Zes plus één is zeven, zes plus drie is negen, zes plus vier is tien, zeven plus zes is dertien, zes plus zes is twaalf, zes plus vier is tien."

"Goed gedaan Otto. Beantwoord nu deze vragen. Als ik 14 fans heb op Snapchat en je hebt vijftien, wat is dan de som van deze twee fans?"

"Negenentwintig fans," antwoordde Otto.

10 20 30 40 50 60 70 80 90 100

EINDE VAN

BOEK EEN

Haal voor de complete ervaring het tweede en derde boek in de serie

DE EENVOUDIGE MANIER OM ENGELS TE LEREN

Voor updates over het volgende boek zijn we beschikbaar op Twitter als @ BadCreativ3 en op Facebook www.facebook.com/BadCreativ3

ANDERE BADCREATIVE BOEKEN

The Simple Way To Learn French

The Simple Way To Learn Spanish

The Simple Way To Learn Italian

Bedankt voor het lezen en we hopen dat je zo vriendelijk bent om een recensie te plaatsen op onze Amazon-pagina.

www.ingramcontent.com/pod-product-compliance
Lightning Source LLC
Chambersburg PA
CBHW072015110526
44592CB00012B/1316